# 裁判如何形成

ON JUDICIAL DECISION MAKING

虞伟华 / 著

中国法制出版社
CHINA LEGAL PUBLISHING HOUSE

# 自序：寻找开启法律之门的“万能钥匙”

怎样作出正确的裁判？这是每一位法官在办案过程中都必须面对的问题。当事人、律师和其他利益相关方也会对此予以关注，并以不同的方式对裁判的过程产生影响。

裁判形成的过程受法律、政治、司法制度、法官个人特质、社会环境等多方面的制约和影响，但最重要的决定因素是法官的裁判思维和方法，因为其他各因素归根到底要通过法官的裁判思维而发生作用。

但是，对裁判思维和方法的研究在我国并未引起足够的重视，法学教材通常只有很小的篇幅涉及法律方法，而以法律方法为研究对象的论著也很少，实务部门也几乎不组织开展关于司法方法的专门培训。

有点理想主义色彩、不安于现状的法官通常会思考这样的问题：能不能找到一种分析案件的相对固定的模式，把办案中需衡量的各种因素都考虑进去，使法官对案件的分析更加全面，从而确保裁判结论的正确性？在我看来，这种模式就是开启法律之门的“万能钥匙”。

尽管要找到这样一把“万能钥匙”极为困难，甚至根本不可能，但是，我仍然抑制不住追根问底的好奇心，试图对裁判的形成过程作一终极追问，并不揣浅陋，把自己的想法、感悟通过以下文字表达出来：

裁判的基本过程是逻辑推理。对于绝大多数常规案件，法官只要以法律为大前提，以事实为小前提，严格运用三段论推理就能得出正确的裁判结论。同时，逻辑的运用应当和经验相结合，用经验检验逻辑的正确性。在法律规范模糊、产生歧义或有漏洞的时候，需要对法律进行解释。

首先要对法律规范所使用的语言文字进行解释。法官应当站在无偏私的立法者立场，根据语法、逻辑、经验、事理等，对法条文义作出体现正义、符合具有正常理性的普通人理解的解释。

其次要将法律规范置于法律体系整体中进行考查。对法条的解释应当与法的精神、原则、法律体系的整体目标相一致，应当考虑不同法律规范之间的相互协调，避免下位法与上位法相抵触，使法律成为一个严谨的、统一的有机整体。

再次要从历史中探寻法律的真实含义。既要回顾过去，考查法律演变的历史，重视法律传统的继承，遵从大多数人的习惯；也要把握法律发展变化的趋势，顺应社会的变革，与时俱进地解释法律。

最后要将法律置于整个社会中进行考查。重视法律运行的社会效果，把社会福利作为法律运行的目标，把是否有利于社会作为检验法律正确与否的标准。对有利于社会的法律规则予以坚持，对不利于社会的法律规则予以修正或舍弃。使法律真正为促进社会繁荣进步，增进公共福祉服务。

裁判的过程也应当是法律成长的过程，裁判需协调法律稳定和进步的关系。

本书就是以上内容的展开。鉴于本人的见识水平有限，书中定有不少谬误之处，您的批评指正就是对我最大的关爱。

虞伟华

# 目　录

Contents

# 导　言

在当今中国，法治已经成为全民共识。法律、法院、法官在社会生活中的作用日益突出，许多社会热点问题同时也是司法问题。例如，近年公众关注的非法集资问题、食品安全问题、环境污染问题，等等。法官常常被推至社会舆论的风口浪尖。当法官作出一个公众瞩目的判决时，可能得到大家的交口称赞，也可能引来广泛的争议。在这些争议的背后，我们自然而然会引出这样的问题：法官是怎样作出判决的？法官判案有没有“标准答案”？如果有，什么样的判决是正确的？如果没有，我们又依据什么对判决作出评价？这些问题，本质上是司法哲学问题。

作为法官群体中的一员，我接触过很多勤勉、敬业的法官。他们终日忙忙碌碌地审判案件。如果你想跟他们讨论一下审判中的哲学问题，他们也许会说：“哲学？太深奥了！我的专业是法律。”或者说：“我很忙，没有时间想这些没用的问题。”

然而，哲学真的“没用”吗？哲学跟法律毫不相干吗？对此，美国联邦最高人民法院大法官本杰明·卡多佐曾引用实用主义哲学家威廉·詹姆斯的观点说：“事实上我们每个人，即使是我们当中那些没有听说过甚至痛恨哲学名词和概念的人，都有一种支撑生活的哲学。我们每个人都有一种如流水潺潺不断的倾向，不论你是否愿意称其为哲学，却正是它才使我们的思想和活动融贯一致并有了方向。法官一点也不比其他人更能挣脱这种倾向。”①

的确，每一位法官都具有自己的哲学倾向，其司法行为体现了自己对法律、司法和法官职责的感悟和理解。不同的倾向导致了司法过程中的种种争论，对司法活动产生潜移默化的影响。

下面，让我们从具体的案件开始谈谈哲学倾向是如何在司法过程中发生作用的。

2001 年，我在基层法院刑庭工作时，当地公安机关在“治爆缉枪”专项行动中侦破了一批买卖气枪铅弹案件，检察机关以非法买卖弹药罪提起公诉。这些案件的被告人都是市场上的体育用品经营户。根据当年发布的《最高人民法院

---

① ［美］本杰明·卡多佐著：《司法过程的性质》，苏力译，商务印书馆 2000 年版，第 3 页。

关于审理非法制造、买卖、运输枪支、弹药、爆炸物等刑事案件具体应用法律若干问题的解释》规定，非法买卖气枪铅弹五百发以上不满二千五百发的，应处三年以上十年以下有期徒刑；非法买卖气枪铅弹二千五百发以上，认定为“情节严重”，处十年以上有期徒刑、无期徒刑或者死刑。

但是，根据上述标准定罪量刑，刑罚的严厉程度大大超出了人们的预料。人们通常认为，气枪铅弹是一种娱乐或体育用品，利用气枪铅弹实施犯罪活动的情况在现实生活中鲜有发生，买卖气枪铅弹并不严重危及公共安全。在公安机关查处之前，气枪铅弹在一些商店或市场摊位上公开出售。而今司法机关却突然宣称买卖气枪铅弹构成犯罪，要受到刑事处罚，而且处罚还相当严厉，这在普通人的观念中是很难接受的。

我所在的一审法院充分注意到了上述问题。法官们认为，买卖气枪铅弹的被告人都是因为不知道法律规定而触犯了法律，主观恶性较浅，对他们像抢劫、杀人等严重暴力犯罪一样给予严厉的处罚，确实有失公平；但是，法官的判决不能突破法律的明确规定。于是，一审法院在法律规定的幅度内，最大限度地给予被告人从轻处罚——对于非法买卖气枪铅弹五百发以上不满二千五百发的，处三年有期徒刑，其中一千五百发以下的宣告缓刑；对于非法买卖气枪铅弹二千五百发以上的，处十年有期徒刑。

但是，这样的处罚仍然是十分严厉的。由于气枪铅弹的体积小、价格低廉，一盒气枪铅弹一百多发，只卖几块钱，大多数涉案被告人非法买卖气枪铅弹数量在二千五百发以上，被判处十年有期徒刑。一审判决作出后，被告人纷纷提出了上诉，有的被告人亲属还到党委、政府、人大下跪喊冤。

二审法院显然感受到了压力。经过权衡，二审对气枪铅弹被公安机关查获后能如实供述的被告人认定自首，将一审判处的有期徒刑十年改判为有期徒刑三年，并宣告缓刑；对于个别因他人检举而被抓获，无法认定为自首的被告人，则适用刑法第六十三条第二款的规定，在法定刑以下判处刑罚，判处有期徒刑三年，报最高人民法院核准。①

上述一、二审判决的差异从表面上看是法律适用争议，其背后是裁判理念和思维方法的分歧。一审判决虽有一定的灵活性，但总体上遵守了法律的规定，体现了严格依法裁判的精神，这就是学界所称的“法条主义”。二审判决将本不

---

① 《中华人民共和国刑法》第六十三条第二款规定：“犯罪分子虽然不具有本法规定的减轻处罚情节，但是根据案件的特殊情况，经最高人民法院核准，也可以在法定刑以下判处刑罚。”

属于自首的“人赃俱获”情形认定为自首，实际上是故意曲解刑法关于自首的规定，为轻判被告人找理由，体现了一种灵活适用法律的态度，我们不妨称之为“机会主义”。①

看起来，法条主义更符合法治精神，但它常常导致机械司法，难以得到社会公众的认同。机会主义能够达到息事宁人的效果，但它对法治原则造成破坏，扩大了法官的自由裁量权，隐含着产生司法腐败的巨大风险。坚持法条主义，还是采取机会主义的态度？抑或还有其他更好的方法？这无疑是司法中的一个根本性问题。

近年来，我发现各地又陆陆续续审判了一些买卖气枪铅弹案件，十年前碰到的难题一次又一次地摆在法官面前，过去的争议还在持续，法官们的思维始终没有摆脱两种倾向：或坚持严格依法裁判，或强调灵活适用法律。不仅如此，在其他一些案件——如走私象牙案件、虚开增值税专用发票案件等——的处理过程中，也出现了同样的争议。一些犯罪情节基本相同的案件由不同的法官处理，裁判结果大相径庭。我们可以很明显地看到法官的哲学倾向在司法过程中所起的作用。

---

① 这种机会主义的倾向在官员队伍中有一定市场，近年曾流传一句话：“稳定就是搞定，摆平就是水平，没事就是本事”，正是机会主义的最好诠释。

除了法条主义和机会主义的分歧之外，还有一些问题也构成影响司法裁判，引起法律适用争议的基础性问题。例如，当法律出现空白、有歧义或法律条文相互冲突的时候，法官应消极等待上级的指示，还是根据自己对法律的诚挚理解阐释法律的精神并作出判决？如果一条法律规定明显不合理，适用该条法律作出判决将导致不正义的后果，法官可不可以突破该条规定？如果法官依法律逻辑作出的判决与普通人的直觉和生活经验不符，法官应坚持逻辑还是尊重经验？法官裁判时是否应考虑前人对同类案件作出的判决？如果法官认为前人的判决不正确或已不适应形势的需要，是应当大胆创新，还是恪守前人的信条？法官在判决过程中对于国家利益、社会利益、个人权益、公正、效率、经济发展、社会安定等诸多因素应如何平衡和考量？这些正是本书要探讨的内容。

虽然每一位法官都有自己的哲学倾向，但是，对我们的大多数法官而言，其哲学倾向依然是盲目、自发、散乱、模糊乃至自相矛盾的。哲学的贫困给司法带来混乱，增加了司法的不确定性，降低了司法的品质。构建统一、明晰、系统的司法哲学并用其指导司法实践，使法官的哲学意识由自发走向自觉，实现司法的“哲学化”，是中国司法的当务之急。

关于哲学对于人生的意义，英国哲学家伯特兰·罗素有一段精辟的论述："如果没有一点哲学味，一个人的一生就只是为各种偏见所囚禁，这些偏见来自常识，来自他的年龄和民族的习惯性信仰，来自在他的大脑中生长起来却没有得到他的思维理性之合作或同意的内心确信。对这样一个人来说，他的世界趋向于变得确定、有限和明显；普通物体不能引起他发问，而他不熟悉的可能性又被轻易否弃了。而一旦我们开始哲学思考，与前面的描述相反，我们就会发现……即使是最常见的事物也会引出一些无法给予非常完整答案的问题。尽管哲学不能确定地告诉我们什么是由此引出的怀疑的正确答案，却可以提出许多可能性，使得我们的思想增长，并摆脱习惯的暴虐制约。因此，尽管它削弱了我们关于事物是什么的确定感，它却大大增加了我们关于这些事物也许是什么的知识；它会清除那些从未经历过自由怀疑的人们的某些傲慢的教条，并且从不熟悉的方面展现了熟悉的事物，从而使我们的惊喜感保持了勃勃生机。"①

司法哲学的构建对于中国司法及法治的意义也将是积极而深远的：其一，它有利于法官摆脱错误习惯和偏见的束缚，以更高的视野和统一、明晰的理念分析和处理司法问题，使

① 转引自［美］理查德·A. 波斯纳著：《法理学问题》，苏力译，中国政法大学出版社 2002 年 1 月版，第 5 页。

司法保持前后一致，适应社会发展变化，并妥善平衡各种价值和利益，提升我们的司法能力和司法品质。其二，它有利于法官充分发挥司法智慧，填补法律漏洞，解决法律规范冲突，修正不合理或过时的裁判规则，推动我国法律体系的发展完善。其三，它有利于根据我国司法哲学的发展状况构建与之相适应的司法制度，推动我国司法制度的改革完善。

当然，构建中国的司法哲学并非一件轻而易举的事情。作为一名司法实务工作者，我深感自己才疏学浅，没有能力也没有“野心”建立宏大的理论体系。我所能做的只是对司法中的一些基本问题和基础观念进行记录、梳理，并就这些问题、观念如何评断、取舍提出我的个人看法，为改进司法尽一份言责。

我于1993年走出校门进入法院，先后在基层法院、省高院工作，在此期间也办了不少案件。和大多数法官一样，平时忙于办案，很少从方法论的角度对司法进行思考和总结，工作业绩也差强人意。现在回想起来，在过去的司法职业生涯中形成的观点、看法有不少是错误的，走了一些弯路。在办案过程中，我也经常与同事们就一些问题发生争论，同事们常常纠正我的一些错误看法，有时候我觉得自己是正确的，却拿不出充分的理论依据说服对方。我深切地感受到，司法活动需要科学的方法论作指引。

在感到困惑之余，我也会翻阅一些有关司法哲学的书籍，其中让我印象最深刻的是丹宁勋爵和卡多佐大法官的著作。由于相关背景知识的缺乏，我并不能领会他们的全部思想，但是，两位先贤在其著述中表现出的守护正义的情怀、开阔的视野、深邃的思想自有一种打动人心的力量。我想，借鉴西方法学家创立的司法哲学理论来思考中国的司法问题，也是探索快速提升我国司法品质的有效途径。同时，西方法学家的理论充满了全面的观点、发展的观点、实践的观点，与我国根本的法学方法论——马克思主义的唯物辩证法和认识论也是相通的。

基于这种考虑，我自己办理或见闻的案件中多了一些理论与实践的互动，形成了一些心得，并将其写成文字，与司法界同仁们分享。这里所涉及的案件都不是疑难、复杂案件，而是一些普通的、可以批量“复制”的案件。但就是在这么一些普通的案件中，也涉及诸多根本性问题。也许正因为普通，其中的问题才具有代表性和典型性。由于我大部分时间是在刑庭工作，因而讨论的案件主要集中在刑事方面，如果对从事其他业务的同行也有所启发，也算是意外收获。至于书中有些观点恐怕难免粗陋浅薄、贻笑大方，诚恳地邀请诸位批评交流。

Chapter 1

# 裁判的逻辑：

## 法律适用是一个三段论演绎推理的过程

司法过程包括事实认定和法律适用两个方面。法律适用是一个三段论演绎推理的过程：以法律为大前提，事实认定为小前提，案件处理结果为结论。

以一起数额较大的盗窃案件为例：刑法第二百六十四条规定“盗窃公私财物，数额较大的，或者多次盗窃、入户盗窃、携带凶器盗窃、扒窃的，处三年以下有期徒刑、拘役或者管制，并处或单处罚金”，这是大前提；“被告人盗窃公私财物，数额较大”，这是小前提；“对被告人应处三年以下有期徒刑、拘役或者管制，并处或单处罚金”，这便是结论。

对于司法实践中占绝大多数的事实清楚、法律规定明确的案件，法官可以在三段论推理的基础上，迅速得出案件处理结果。但是，也有大量案件不能简单地运用三段论推理得出妥帖的结论。这是因为，三段论推理结论的正确性需建立在大前提、小前提均正确的基础上，而在司法推理过程中，无论是大前提的确立，还是小前提的论证，都具有复杂性。

## 第一节 作为大前提的法律

在自然科学中，作为三段论推理大前提的规则包括公理、定理和推论。作为司法三段论大前提的法律也可以作相似的分类：“公理”即法律原则，“定理”即法律规则，“推论”即法律解释。

法律原则是法律的基础性真理、原理，或是为其他法律要素提供基础或本源的综合性原理或出发点。[①] 按我的理解，法律原则应包括两个层面：一是人类普遍认同的法的基本价值，如公平、正义、自由、人权、安全、秩序等；二是在立法上或法理上得到确认的法的基本准则，如法律面前人人平等、罪刑法定、无罪推定、罪刑相适应、正当程序、诚实信用等。在我国，法律规则主要是成文法，包括宪法、法律、行政法规、地方性法规、自治法规、行政规章等。具有法律效力的法律解释包括立法解释和司法解释。在刑事审判中，刑法与相关司法解释是最主要的法律适用依据。

---

① 张文显主编：《法理学》，高等教育出版社 1999 年 10 月版，第 74 页。

如何正确地选择法律适用依据，这是司法推理过程中首先遇到的问题。下面就其中几个常见的问题展开讨论。

## 一、法律原则能否成为裁判依据

法官是否应当秉持公平正义的理念作出裁判？裁判中是否应当体现罪刑相适应、正当程序、诚实信用等法律原则？

如果抽象地讨论这些问题，恐怕很少会有人作出否定的回答。但是，一旦遇到具体的案件，很多法官会有不同的态度。例如，在买卖气枪铅弹案件中，尽管法官们普遍认为严格依法裁判对被告人处罚过重，罪刑不相适应，但多数法官仍然认为，法官不能根据自己的公平正义理念突破法律的规定进行裁判，不能用抽象的刑法原则否定法律的具体规定。近年来，尽管在民事、行政审判中出现了少数根据法律原则裁判的案例，① 但是，法官偏好依据法律的明文规定判案，不考虑或很少考虑法律原则，仍是一种普遍现象；特别是在法律原则与法律的具体规定出现冲突的情况下，法官通常选择服从法律的具体规定，而不是根据法律原则裁判。

---

① 如：温兆伦诉北京电影制片厂等合同纠纷案、原告江门健威家具装饰有限公司诉国家知识产权局专利复审委员会专利行政案、张振隆不服徐州市教育局注销社会办学许可证案。参见孔祥俊：《法律方法论（第一卷）》，人民法院出版社 2006 年 12 月版，第 137 页至 148 页。

这样做当然也有它的理由：一、法的价值、原则已经蕴含在法律的具体规定之中，法官严格执行法律的具体规定就能使法的价值得到实现。二、法律原则比较抽象，是否符合法的价值没有明确的标准。如果允许法官根据法律原则裁判案件，什么样的判决是正确的，什么样的判决是错误的，就失去了客观的衡量标准，将导致司法的恣意和专横。三、即使某些法律规定有不合理之处，可能损害个别正义，但是，法律秩序仍需要尊重。不合理的法律只能由立法者修改或予以废止，如果法官能够以违背法律原则为由拒绝适用某些法律规定，法律秩序将不复存在。

但我以为，上述看法有失偏颇。首先，成文法有其局限性，难免存在各种缺陷和漏洞，难以充分体现法的基本价值，需要法官在裁判过程中运用法律原则克服其局限性，使其符合立法目的和精神。其次，法律原则虽然有时显得含义不清、产生歧义，但它并非完全没有客观标准，法官对法律原则的适用并非完全不受约束。我们可以通过法律文本、司法程序、司法中的多数意见、司法惯例、社会普遍认同的正义观念等防止法官对法律原则的滥用。再次，我们所需要的法律秩序是一种能够体现正义、协调稳定与进步的法律秩序，法律应当随着社会的发展变化而与时俱进，不合理的法律规定应当及时地修改完善。① 如果法官对于不合理的法律无所作为、机械适用，立法者将无法感受到修改完善法律的迫切性，我们的法律制度将停滞不前、永远不会进步。

因此，法官在裁判过程中应当充满价值关怀，应当始终坚持用法律原则指引司法活动。当具体的法律规范与法律原则相符的时候，应当适用具体的法律规范作出裁判；当法律规范的含义模糊不清、有歧义的时候，应当作出符合法律原则的解释；当法律规范之间相互冲突的时候，应当选择适用符合法律原则精神的法律规范；当出现法律规范未作明确规定的情形时，应当根据法律原则填补法律空白；当

---

① 正如卡多佐大法官所指出："'法律必须稳定，但不能静止不变。'我们总是面临这一巨大的悖论。无论是静止不变，还是变动不居，如果不加以调剂或不加以制约，都同样具有破坏力。法律如同人类，要活下去，必须寻觅某些妥协的途径。这两个将法律引向不同方向的趋势应当拧在一起，使其步调一致。这两种趋势的结合，必须依靠某种智慧。这一主题涉及的文献将我们带回亚里士多德乃至更早的思想家。法律由公正来补充；刻在木牌上的法律由国王的敕令来补充；法律由衡平来补充，习惯由成文法来补充；规则由自由裁量来补充。""一方面，我们尊崇法律的确定性，但必须区分合理的确定性与伪劣的确定性，区分哪些是真金，哪些是锡箔；另一方面，即便实现了法律的确定性，我们仍须牢记：法律的确定性并非追求的唯一价值；实现它可能会付出过高的代价；法律永远静止不动与永远不断变动一样危险；妥协是法律成长的原则中很重要的一条。"参见［美］本杰明·N·卡多佐著，董炯、彭冰译，《法律的成长·法律科学的悖论》，中国法制出版社2002年10月版，第4页、第12页。

法律规范严重背离法律原则精神时，应当拒绝该法律规范的适用。

## 二、法律可不可以批判

“法律不是嘲笑的对象”，这一格言经张明楷教授阐释后，已被很多司法人员奉为圭臬。[①] 在司法实践中经常可以见到这样的现象：法官只要在法律或上级司法机关发布的文件中找到能够适用于所办案件的规定，就作为裁判依据。如果有人对裁判依据的合理性提出质疑，法官就会说：“法律不应受批判。法律规定合不合理，这是立法上的问题，不是我所要考虑的。”有的法官还会提出“恶法亦法”的命题为自己辩护。

在我看来，这些法官并没有完全理解张明楷教授所要表达的意思。张明楷教授并没有把“法律不应受批判”的观点绝对化。他的原话是：“法律不是嘲笑的对象，而是法学研究的对象；法律不应受裁判，而应是裁判的准则。我并不绝对主张恶法亦法，但也不一概赞成非正义的法律不是法律，而是主张信仰法律，因为‘法律必须被信仰，否则它将形同虚设。’既然信仰法律，就不要随意批判法律，不要随意主

---

① 张明楷著：《刑法格言的展开》，法律出版社 2003 年 1 月版，第 1 页至第 15 页。

张修改法律，而应当对法律进行合理的解释，将‘不理想’的法律条文解释为理想的法律规定。”① 在另一部著作中，他也表达了相同的观点：“本书并不认为，一部刑法典只需要解释，不需要修改，而是主张尽可能地通过解释完善刑法的内容。……刑法理论应当将重心置于刑法的解释，而不是批判刑法。”② 显然，张明楷教授并没有否认法律会有缺陷乃至错误，也没有主张法官应对法律的缺陷无动于衷、机械适用法律，而是主张通过创造性的解释弥补法律的缺陷，必要时修改法律。

还应当注意的是，他所称的“不应受裁判”的法律，仅仅是指国家立法机关制定的法律，并不包括司法解释和其他规范性文件。事实上，张明楷教授经常在其著作中对司法解释进行批判。他还批评了司法解释“泛化”现象：“司法解释使刑法条文的含义固定化，不利于发现、发展刑法的真实含义；司法解释导致二审终审制度形同虚设；司法解释的表述方式如同成文刑法，人们仍然需要对之进行解释；司法解释也不可避免出现解释不当的现象，在其具有法律效力的情

① 张明楷著：《刑法格言的展开》，法律出版社 2003 年 1 月版，第 3 页。

② 张明楷著：《刑法学》，法律出版社 2011 年 7 月版，第 2 页。

况下，必然导致全国性的适用法律不当；由于司法解释来源于最高司法机关，下级司法机关的判决面临着上级司法机关的监督、审查，即使下级司法机关认为司法解释存在错误也只有遵守，于是造成司法解释的效力与权威高于成文法的不正常现象；下级司法机关成为适用司法解释的机器，而没有任何主观能动性。”他主张：“‘两高’不要期待司法解释象刑法一样稳定，相反，需要及时修改已有的司法解释。”①

我赞同“不应随意批判法律”的观点，更反对把国家立法机关制定的法律称为“恶法”。在我国，法律的制订经过充分的论证、广泛的讨论，有一套严格的立法程序，尚不至于出现根本性的错误。而且，法律用语往往比较概括，有较大的解释空间，通常能够对其作出符合正义的解释。而“恶法”是指违反人类理性、逆历史潮流而动的法律。将一部法律称为“恶法”，是对该部法律的根本性否定。因此，动辄批判法律，称其为“恶法”，是不妥当的，不利于树立法律的权威。

但是，我们也应当看到，即使是国家立法机关制定的法律也难免会有缺陷，还会因为社会的发展变化而显得过时。

① 张明楷著：《刑法学》，法律出版社 2011 年 7 月版，第 36 页。

我国于1997年修订颁布的刑法是一部比较完备的刑法典，但在施行过程中仍遇到不少问题，以至于在1997后的十余年间历经九次修正，仍需要不断修改完善。例如，《刑法修正案(九)》修正前的刑法第三百八十三条直接在法条中规定了贪污罪、受贿罪的定罪量刑数额标准，① 使得贪污罪、受贿罪的定罪量刑数额标准不能随着社会发展变化而及时调整。随着经济水平的提高，对贪污、受贿数额十万元的行为判处十年以上有期徒刑，明显罪刑不相适应，使得贪污、受贿数额十万元以上的案件量刑很难平衡，出现了贪污、受贿十万元、几十万元、一百余万元都在十年左右处刑的现象，这一问题就是通过刑法的修改加以解决的。此外，过去我国刑法规定

---

① 该条规定："对犯贪污罪的，根据情节轻重，分别依照下列规定处罚：(一）个人贪污数额在十万元以上的，处十年以上有期徒刑或者无期徒刑，可以并处没收财产；情节特别严重的，处死刑，并处没收财产。(二）个人贪污数额在五万元以上不满十万元的，处五年以上有期徒刑，可以并处没收财产；情节特别严重的，处无期徒刑，并处没收财产。(三）个人贪污数额在五千元以上不满五万元的，处一年以上七年以下有期徒刑；情节严重的，处七年以上十年以下有期徒刑。个人贪污数额在五千元以上不满一万元，犯罪后有悔改表现、积极退赃的，可以减轻处罚或者免予刑事处罚，由其所在单位或者上级主管机关给予行政处分。(四）个人贪污数额不满五千元，情节较重的，处二年以下有期徒刑或者拘役；情节较轻的，由其所在单位或者上级主管机关酌情给予行政处分。"第三百八十六条规定："对犯受贿罪的，根据受贿所得数额及情节，依照本法第三百八十三条的规定处罚。"

的死刑罪名过多，遭到了一些批评，这一缺陷也正通过刑法的修改逐步解决。

法律中甚至会因立法者的疏漏而出现明显的错误。例如，《刑法修正案（七）》修正前的刑法第二百零一条第一款规定："纳税人采取伪造、变造、隐匿、擅自销毁账簿、记账凭证，在账簿上多列支出或者不列、少列收入，经税务机关通知申报而拒不申报或者进行虚假的纳税申报的手段，不缴或者少缴应纳税款，偷税数额占应纳税额的百分之十以上不满百分之三十并且偷税数额在一万元以上不满十万元的，或者因偷税被税务机关给予二次行政处罚又偷税的，处三年以下有期徒刑或者拘役，并处偷税数额一倍以上五倍以下罚金；偷税数额占应纳税额的百分之三十以上并且偷税数额在十万元以上的，处三年以上七年以下有期徒刑，并处偷税数额一倍以上五倍以下罚金。"该款遗漏了"偷税数额占应纳税额百分之十以上不满百分之三十并且偷税数额在十万元以上"的处罚规定，很明显是立法者疏忽造成的。这一错误直至2009 年才得到修正。

对于法律中的缺陷，法官首先要考虑能否通过解释的方法加以克服。例如，过去的刑法对集资诈骗罪规定了死刑，有不少人认为这样的规定是不恰当的，但是这一问题通过正确的解释可以克服。根据《刑法修正案（九)》修正前的刑法第一百九十九条规定：犯集资诈骗罪，数额特别巨大并且给国家和人民利益造成特别重大损失的，处无期徒刑或者死刑，并处没收财产。根据有关司法解释的规定，“数额特别巨大”是指个人集资诈骗100万元以上或单位集资诈骗500万元以上，符合这一条件的集资诈骗案件很多。但是，“给国家和人民利益造成特别重大损失”可以也应该作严格的解释。“人民”是一个集合概念，数个人、几十个人乃至成百上千的人都不足以称为人民，只有一个国家、地区的民众作为一个整体才能称之为“人民”。据此，“给国家和人民利益造成特别重大损失”应当是指对全国或者某一地区的经济、社会生活造成整体性的破坏，例如，造成全国或某一地区社会动荡或经济衰退。事实上，能够造成如此严重后果的集资诈骗案件极为少见。通过这样的解释，就可以把适用死刑的集资诈骗案件控制在很小的范围内，甚至可以在司法中实际废止集资诈骗罪的死刑。

对于有缺陷但含义明确，无法作其他解释的法律规范，可以用衡平条款加以矫正。刑法第六十三条第二款规定：“犯罪分子虽然不具有本法规定的减轻处罚情节，但是根据案件的特殊情况，经最高人民法院核准，也可以在法定刑以下判处刑罚。”这就是刑法中的衡平条款。对于因法律规定不合理，按照规定量刑将造成轻罪重判的，可以适用刑法第六十三条第二款的规定减轻处罚，报最高人民法院核准。如前述贪污、受贿案件的量刑失衡问题就可以采用这种方法加以解决。这样做虽然会增加一些工作量，但有利于最高人民法院及时发现法律中的问题，提出修改完善法律的建议。当然，刑法第六十三条第二款只能用于矫正失之过严的法律规定。对于失之过宽的法律规定，则应根据罪刑法定原则处理。

总之，法律并非绝对正确。法官在司法过程中需要有一种怀疑精神，时时检视法律的具体规定是否符合法律原则，是否与宪法相抵触，是否已过时。抱着严肃认真的态度审视法律的缺陷和错误，这并不是“嘲笑法律”，而有利于法律的不断修改完善，也有利于通过创造性的解释弥补法律的缺陷，这恰恰是对法的精神的尊重。

**三、司法解释应如何适用**

法律规定不适当或错误只是个别现象，而且，随着立法技术的提高，这种现象会不断改善。但是，司法解释不适当乃至错误，恐怕是司法机关需要长期面对的问题。这是因为，司法解释的制定程序远没有立法那么严格，有的司法解释是为了解决实践中的迫切问题而仓促出台的“急就章”；司法解释规定的内容也比较具体，不像概括的法律条文那样具有较强的包容性和适应性，其适用条件往往随着社会的发展变化而发生变化。

在司法实践中，法官经常被不完备、不适当的司法解释所困扰。首先是有的案件没有相应的司法解释可供适用。最高人民法院只对一些常见问题作出了司法解释，对于司法实践中的新情况新问题，往往没有相应的司法解释。我曾办理过一起走私木炭案件、一起走私珍稀植物案件。根据 2009 年《刑法修正案（七）》修正后的刑法规定，对走私木炭和走私珍稀制品行为应当按照刑法有关走私国家禁止进出口的货物、物品罪的规定定罪处罚。但是，案件审判时，最高人民法院并未就走私国家禁止进出口的货物、物品罪的定罪量刑标准作出规定。对于这种情况，法官判案时就会感到底气不足，无所适从。

其次是有的司法解释规定不合理。前面所述的关于气枪铅弹的司法解释就是一例。同样的情形也发生在走私象牙案件的审判中。2000 年发布的《最高人民法院关于审理走私刑事案件具体应用法律若干问题的解释》规定：走私珍贵动物制品价值 10 万元以下的，属于走私珍贵动物制品罪“情节较轻”，处五年以下有期徒刑，并处罚金；走私珍贵动物制品价值10万元以上不满20万元，处五年以上有期徒刑，并处罚金；走私珍贵动物制品价值20万元以上的，属于走私珍贵动物制品罪“情节特别严重”，处无期徒刑或者死刑，并处没收财产。对于象牙价值的认定标准，国家林业部门规定：一根未加工象牙或整根象牙加工成的象牙制品的价值为25万元，象牙块或无法确定由整根象牙加工成的象牙制品的价值为41667元/千克。按照上述规定，走私一根象牙或五千克以上的象牙块，就应当判处无期徒刑或者死刑，这样的处罚比非法捕杀一头大象还重，显然违背情理。① 2011年，《刑法修正案（八）》将走私珍贵动物及其制品“情节特别严重”的法定刑修改为“处十年以上有期徒刑或者无期徒刑”。即便如此，走私五千克象牙处十年以上有期徒刑，仍显得过于严厉。这一不合理的规定直至2014年9月发布的《最高人民法院、最高人民检察院关于办理走私刑事案件适用法律若干

① 《刑法》第三百四十一条第一款规定：非法猎捕、杀害国家重点保护的珍贵、濒危野生动物的，或者非法收购、运输、出售国家重点保护的珍贵、濒危野生动物及其制品的，处五年以下有期徒刑或者拘役，并处罚金；情节严重的，处五年以上十年以下有期徒刑，并处罚金；情节特别严重的，处十年以上有期徒刑，并处罚金或者没收财产。

问题的解释》中才得到纠正。

有的司法解释在制定时是合理的，但随着社会的发展变化而变得滞后。例如，1995年发布的《全国人民代表大会常务委员会关于惩治虚开、伪造和非法出售增值税专用发票犯罪的决定》规定："虚开增值税专用发票的，处三年以下有期徒刑或者拘役，并处二万元以上二十万元以下罚金；虚开的税款数额较大或者有其他严重情节的，处三年以上十年以下有期徒刑，并处五万元以上五十万元以下罚金；虚开的税款数额巨大或者有其他特别严重情节的，处十年以上有期徒刑或者无期徒刑，并处没收财产。"1996年发布的《最高人民法院关于适用〈全国人民代表大会常务委员会关于惩治虚开、伪造和非法出售增值税专用发票犯罪的决定〉的若干问题的解释》规定：虚开增值税专用发票，虚开税款数额1万元以上的或者虚开增值税专用发票致使国家税款被骗取5千元以上的，应当依法定罪处罚；虚开税款数额10万元以上的，属于"虚开的税款数额较大"；因虚开增值税专用发票致使国家税款被骗取5万元以上的，属于"有其他严重情节"；虚开税款数额50万元以上的，属于"虚开的税款数额巨大"；因虚开增值税专用发票致使国家税款被骗取30万元以上的属于“有其他特别严重情节”。① 这一解释在制定时是符合当时的实际情况的，但它历经二十年未作修改，现在我国的国内生产总值和国家财政收入较 1996 年已增长了数倍，再适用该司法解释就好比刻舟求剑，显然已不合适。

不同的司法解释之间还存在着一个相互协调的问题。例如，1996 年发布的《最高人民法院关于审理诈骗案件具体应用法律若干问题的解释》规定，诈骗罪数额较大、数额巨大、数额特别巨大的起点分别为二千元、三万元、二十万元，并对信用卡诈骗罪、贷款诈骗罪等的定罪量刑数额标准也作了相应的规定。1997 年刑法修订将合同诈骗罪从诈骗罪中分离出来，司法实践中对合同诈骗罪也适用诈骗罪的数额标准。2011 年发布的《最高人民法院、最高人民检察院关于办理诈

---

① 《全国人民代表大会常务委员会关于惩治虚开、伪造和非法出售增值税专用发票犯罪的决定》第一条第二款还规定：虚开增值税专用发票骗取国家税款，数额特别巨大、情节特别严重、给国家利益造成特别重大损失的，处无期徒刑或者死刑，并处没收财产。该款规定被 1997 年刑法吸收。《最高人民法院关于适用〈全国人民代表大会常务委员会关于惩治虚开、伪造和非法出售增值税专用发票犯罪的决定〉的若干问题的解释》规定：利于虚开的增值税专用发票实际抵扣税款或者骗取出口退税 100 万元以上的，属于“骗取国家税款数额特别巨大”；造成国家税款损失 50 万元以上并且在侦查终结前仍无法追回的，属于“给国家利益造成特别重大损失”。2011 年《刑法修正案（八）》删去了该款规定。

骗刑事案件具体应用法律若干问题的解释》，将诈骗罪数额较大、数额巨大、数额特别巨大的起点分别调整为三千元至一万元、三万元至十万元、五十万元。但是，该解释只对诈骗罪的数额标准进行了调整，并没有对合同诈骗罪及信用卡诈骗罪、贷款诈骗罪等的数额标准作出相应调整。于是，司法实践中对诈骗罪适用 2011 年的数额标准，对合同诈骗罪、信用卡诈骗罪、贷款诈骗罪等仍适用 1996 年的数额标准，两者明显不相协调。盗窃罪和抢夺罪、敲诈勒索罪之间、骗取出口退税罪和虚开增值税专用发票罪之间也因为司法解释发布的时间不同也出现了数额标准不协调的现象。

对于司法解释适用中的上述问题，目前主流的观点认为：制定、修改、废止司法解释是最高人民法院的职权。法官在审判中遇到法律适用标准不明确的情况，应当提请最高人民法院作出解释；对于司法解释的规定，法官应当不折不扣地执行；即使法官认为适用于案件的司法解释规定不适当或有错误，也应当依据司法解释作出裁判。卡多佐大法官曾对法官机械适用先例时的心态有过一段惟妙惟肖的描述："在不通人情的逻辑刀锋之下，法官似乎没有选择余地，经常得出冷酷无情的结论。他们会因这种牺牲仪式感到痛惜，却深信手起刀落乃职责所在，尽管举刀的那一刻，目光会变得游离。

牺牲者被摆在规律性的祭坛上，奉献给法学之神。”① 这种心态与我们的法官面对不合理的司法解释时的心态颇有相通之处。

我们的法官之所以对司法解释亦步亦趋，大体有以下几方面的理由：一、《全国人民代表大会常务委员会关于加强法律解释工作的决议》规定：“凡属于法院审判工作中具体应用法律、法令的问题，由最高人民法院进行解释。”因此，最高人民法院的司法解释是具有法律效力的解释，只有按照司法解释判案才是执行法律。审判案件的法官无权对法律进行解释，也无权拒绝执行生效的司法解释。二、最高人民法院的法官具有丰富的学识和广阔的视野，能够准确把握法律精神，对法律作出正确的解释。三、要建立正常的审判秩序，需要确立最高人民法院的权威，发挥其制定裁判规则、统一裁判尺度的职能。如果每一位法官都可以自行解释法律，审判秩序将混乱不堪。最高人民法院的司法解释即便有不当，执行统一的规则也胜过法官自行其是带来的混乱。

然而，细究起来，上述理由都不能成立。法律赋予最高人民法院司法解释权，并不意味着审判中的法官无权对法律进行解释。司法解释是司法实践经验的升华与总结，司法解

---

① ［美］本杰明·N·卡多佐著：《法律的成长·法律科学的悖论》，董炯、彭冰译，中国法制出版社2002年10月版，第38页。

释的制定必须以办案法官的实践探索为基础。由于实践积累的不足，司法解释也难免存在不成熟、不完善之处。司法解释还是一定历史条件的产物，应当随着社会的发展变化而与时俱进。如果不允许法官对法律进行解释，所有法律适用争议都要提请最高人民法院作出解释，那么，大量的案件将无法得到及时有效处理，最高人民法院将不堪重负。如果办案法官完全被司法解释所束缚，不敢有任何创新和突破，那么，除了最高人民法院的法官思考之外，全国法院的其他法官都不再需要思考，司法将成为一项毫无思想的机械活动，法官的智慧与创造力将会泯灭；最高人民法院将变得高高在上、脱离现实，不能从实践中汲取丰富的营养，难以制定出符合实践需要的司法解释；司法解释将不能接受实践的检验，在实践中不断丰富和完善，不适当、滞后的司法解释将成为法治进步的绊脚石，损害司法的公平正义。

丹宁法官对判例主义的批评值得我们深思："如果我们不做任何前人没有做过的事情，我们就会永远待在一个地方，法律将停止不前，而世界上其他事情将继续前进。"① "有些律师对丁尼生勋爵写的'凭着一个又一个判例'这句话感到

---

① 高等法官丹宁在《派克诉派克案》中语，转引自《法律的训诫》首语。

得意，他们认为他给判例主义加上了崇高思想的色彩，照他们的解释，遵循先例的意思是‘恪守你和前任的判决，无论它们多么荒谬，多么不公正’。但是请允许我指出一点，尽管做了这样的解释，判例主义并没有扩大而是缩小了自由的基础。如果律师死抱住判例不放，忘记了他们应该奉行的基本原则是坚持真理和主持公正，那么他们就会发现整个（自由的）大厦将会倒在他们的脚下。”①

如果我们的法官把司法解释当成司法的“宝典”，不敢越雷池一步，那不正和“死抱住判例不放”的态度一样吗？在英美等国家，这种陈旧的司法方法早已被抛弃，我们还有什么理由对它视若珍宝呢？

我们需要以一种更加理性的态度对待司法解释。一方面，法官应当对司法解释保持足够的尊重。在司法解释符合社会需要、体现公平正义的时候，应当依据司法解释作出裁判。另一方面，法官不应完全依赖和迷信司法解释。在没有司法解释可供适用的情况下，法官应当根据公平正义理念和实际情况创制出适用于案件的裁判规则；在司法解释明显不适当、滞后的情况下，法官应当拒绝适用，并创制出新的裁判规则。

---

① ［英］丹宁勋爵著：《法律的训诫》，杨百揆、刘庸安、丁健译，法律出版社1999年版，第329页。

我们还应当建立一种有利于司法解释不断丰富、完善的机制，及时将法官在实践中创造的符合社会需要、体现公平正义的裁判规则上升为司法解释，对经实践检验不符合社会需要、不能体现公平正义的司法解释予以废止、更新。

## 第二节　小前提的论证

对司法三段论中的小前提进行论证，也就是对案件事实进行定性，是将案件事实纳入某一法律规范的构成要件之下的过程，这一过程被称为“涵摄”。[①] 涵摄是法律适用的基本方法，任何案件都要将案件事实涵摄于一定的法律规范之下，才能得出结论。在常规案件中，作为大前提的法律规范是明确的，通过涵摄的方法对小前提进行论证几乎就是法律适用的全部内容。

涵摄的过程也是一个三段论推理的过程，它以法律概念为大前提，将案件事实纳入某一法律概念之下形成小前提，进而对案件事实的法律性质作出判断，形成结论。仍以数额

---

① ［德］卡尔·拉伦茨著：《法学方法论》，陈爱娥译，商务印书馆 2003 年版，第 2 页。

较大的盗窃案件为例：“以非法占有为目的，秘密窃取他人财物，数额较大的，构成盗窃罪”这是大前提；“被告人以非法占有为目的，秘密窃取他人财物，数额较大”这是小前提；“被告人的行为构成盗窃罪”，便是结论。我们还可以把需论证的命题分解为若干个子命题，分别采用三段论推理的方法进行论证。前述盗窃案件就可以分解为“非法占有目的”“秘密窃取”“财物”“数额较大”四个子命题，分别进行论证。

## 一、非三段论推理中的常见错误

三段论推理是经实践反复证明的正确思维形式，在对案件事实进行定性时应当严格遵循。有的司法人员在对案件定性时，不遵循三段论逻辑规则，而是按照自己的逻辑进行推理。这些推理往往不具备形式上的有效性，常常不能得出正确的结论。

例如，我曾办理过这样一起案件：被告人误将他人的摩托车当成自己的摩托车开走，事后发现自己误开了他人的摩托车，将其据为己有并销赃。有人认为被告人的行为构成盗窃罪，理由是：被告人发现误开了他人摩托车，理应把它归还给失主，被告人却没有归还，所以他的行为构成盗窃罪。这样的推理是不能成立的。被告人误开了他人摩托车当还不还，充其量只能说明其行为违法或不道德，并不能证明其行为符合盗窃罪的构成要件；违法或不道德的行为并不必然构成盗窃罪。因此，以被告人行为违法或不道德为由证明其构成盗窃罪，从逻辑上是推不出的。这一推理的错误在于：以违法性或道德判断代替犯罪构成要件该当性的判断。

类似的推理在司法实践中时常可见。例如，在一起案件中，被告人租用他人的废物进口许可证进口国家限制进口的可用作原料的固体废物，法官认定其构成走私废物罪，并作了这样的论证：根据有关行政法规，废物进口许可证不得出租、出借和转让，被告人租用他人的许可证进口废物系违法行为，所以，被告人的行为构成走私废物罪。这一推理同样存在以违法性代替犯罪构成要件该当性的错误。

在有的司法解释中也会出现这样的错误。例如，《最高人民法院、最高人民检察院关于办理走私刑事案件适用法律若干问题的解释》第二十一条规定："未经许可进出口国家限制进出口的货物、物品，构成犯罪的，应当依照刑法第一百五十一条、第一百五十二条的规定，以走私国家禁止进出口的货物、物品罪等罪名定罪处罚。"这一规定所包含的逻辑是：未经许可进出口国家限制进出口的货物、物品是违法行为，所以构成走私。实际上，"未经许可进出口国家限制进出口的货物、物品”与“走私国家限制进出口的货物、物品”并不是一回事。走私是逃避海关监管的行为，未经许可进出口国家限制进出口的货物、物品却未必逃避海关监管。我国《刑法》第三百三十九条第二款规定的“擅自进口固体废物罪”，就是指未经许可，但未逃避海关监管，擅自进口固体废物用作原料，造成重大环境污染事故的行为。

还有一种类似的推理是：因为被告人的行为有严重的社会危害性，所以其行为构成某种犯罪。例如，有一位法官在讨论一起合同诈骗案件时提出：被告人与他人做生意，欠下巨额货款，编造种种理由拒不归还，这种行为严重扰乱了市场秩序，应当予以打击，所以，对被告人的行为应以合同诈骗罪定罪处罚。这种推理的错误在于：有危害与符合某罪的构成要件是不同的概念。有的行为虽然有危害，但法律未将其规定为犯罪，根据罪刑法定的刑法原则，仍然不能予以定罪；有的行为有危害，符合 A 罪的构成要件，但不符合 B 罪的构成要件，就不能认定该行为构成 B 罪。

还有的司法人员根据案件的处理效果来选择定性。例如，对于侦查机关发现嫌疑人犯罪线索后，采用电话方式进行传唤，嫌疑人到案并如实供述犯罪事实的，是否认定自首。有一种意见认为：如对这种情况认定自首，那么，侦查人员想给谁自首的机会，就可以不直接拘捕而采用电话传唤，这将给侦查人员提供徇私舞弊的空间，因此，对这种情况不宜认定为自首。这样的推理显然也是不能成立的。被告人是否构成自首，要看其行为是否符合自首的构成要件，而不能脱离自首的构成要件论证自首是否成立。值得注意的是，这种根据效果选择裁判理由的现象在司法实务中还比较常见。例如，有的被告人有自首或立功情节，法官认为认定其自首或立功将导致对被告人处罚过轻，就认定被告人不构成自首或立功；有的被告人在共同犯罪中并不起次要作用，但是法官认为按主犯处罚量刑过重的，就将其认定为从犯。按照这种思维方式进行裁判，就难以保证不同裁判在逻辑上的一致性。

还有一种常见的错误推理是：要证明某一行为是否属于A，司法人员先证明其属于B，再得出该行为不属于A的结论。例如，对于交通肇事后报警并在肇事现场等候处理的行为是否认定为自动投案，有一种意见认为：交通肇事后报警并保护事故现场，是法律规定的被告人交通肇事后必须履行的义务，故不能认定为自动投案。又如，对于被告人检举揭发他人收受自己的贿赂，经查证属实的，是否认定为立功，有一种意见认为：被告人的行为属于主动供述自己的行贿违法行为，不构成立功。这种推理属于误用了矛盾律。如果概念A与概念B之间存在着相互排斥的矛盾关系，那么，证明某一行为属于B，自然可以得出该行为不属于A的结论；但是，如果A与B之间不存在矛盾关系，就不能得出这样的结论。在前述例子中，履行交通安全法规定的义务与自动投案、供述自己的违法犯罪行为与检举立功之间，都不是矛盾关系，因而前述推理是错误的。

## 二、三段论推理的运用

在大多数情况下，司法人员在分析案件性质时或多或少会运用三段论推理。只是由于三段论规则看起来很简单，司法人员通常不会机械刻板地分别确定大前提、小前提，再得出结论，而喜欢用“因为……所以……”的推理模式，直接从案件事实得出结论。例如，在一起合同诈骗案中，法官这样论证：“因为被告人在签订合同过程中使用了假名，所以能认定被告人具有非法占有目的。”这一论证过程隐含着一个大前提，即“凡使用假名签订合同者均具有非法占有目的”。因此，它实际上仍是一个三段论推理，只不过是在表述时把大前提省略了。这种省略式的三段论虽然更为简洁，但也常常因为省略了大前提而掩盖了错误。在前述论证中，“凡使用假名签订合同者均具有非法占有目的”就是一个错误的大前提，由于法官在推理过程中将其省略了，同时也掩盖了大前提的错误。

要通过三段论推理对案件事实作出正确的定性，首先要明确推理的大前提——对所涉的法律概念作出全面准确的界定。例如，要认定某一行为是否构成盗窃罪，首先要明确“什么是盗窃罪”；要认定被告人是否具有非法占有目的，首先要明确“什么是以非法占有为目的”；要认定某一行为是否秘密窃取，首先要明确“什么是秘密窃取”；要认定某一行为是否属于自首，首先要明确“什么是自首”。

在实践中，有的司法人员往往还没有搞清楚与案件相关的法律概念，就对案件性质作出判断。例如，在一起案件中，被告人进入被害人家中将被害人捆绑，并搜取财物。办案人员认为：被告人的行为构成绑架罪。这位办案人员显然没有对绑架罪的概念作认真研究。绑架罪是指以勒索财物为目的绑架他人，或者绑架他人作为人质的行为。将他人掳为人质，又向人质的关系人提出不法要求，是绑架罪的基本特征。本案被告人并没有向被害人的关系人勒索财物或提出其他不法要求，不符合绑架罪的构成要件。被告人采用暴力手段劫取他人财物，应定性为抢劫罪。可见，如果对相关的法律概念没有清晰的认识，很难正确把握案件定性。采用省略式三段论进行推理的司法人员，往往忽视对基本法律概念的分析，因而容易发生错误。

对法律概念进行界定，一般应采用公认的定义。这种公认的定义有时直接来自于法律条文，有时来自于约定俗成的观念，有时来自于专家、学者、权威教科书等的学理阐释。只有从公认的前提出发进行推理，得出的结论才具有说服力。有的办案人员喜欢按照自己的个人理解对法律概念进行界定，并作为论证的前提，这样的论证很难让人信服。例如，通常认为，帮助犯是在共同犯罪中起辅助作用的从犯，但有的法官认为，帮助犯也可能在共同犯罪中起重要作用，不一定是从犯，进而得出所办案件中的帮助犯不属于从犯的结论。这样的推理无异于自说自话，难以得到他人的认同。当然，也有一些法律概念并没有形成统一的定义，需要通过科学的解释方法揭示其含义，这不是三段论推理所能解决的问题。

对法律概念的表述应当完整，不应断章取义。根据不完整的概念分析案件，很容易以偏概全，导致定性错误。例如，最高人民法院、最高人民检察院《关于办理妨害信用卡管理刑事案件具体应用法律若干问题的解释》规定：持卡人以非法占有为目的，超过规定限额或者规定期限透支，并且经发卡银行两次催收后超过3个月仍不归还的，应当认定为刑法第一百九十六条规定的“恶意透支”。有的司法人员把“恶意透支”仅仅理解为“超过规定限额或者规定期限透支，并且经发卡银行两次催收后超过3个月仍不归还的”行为，而忽视对行为人是否具有“非法占有目的”的审查认定，这样就会混淆“恶意透支”与非“恶意透支”的界限，把一些不构成犯罪的行为认定为信用卡诈骗罪。

对法律概念的表述应当反映事物的本质，不能用一些非本质特征来定义法律概念，否则就会被一些现象所迷惑，不能抓住案件的本质，导致定性错误。例如，合同诈骗罪是指以非法占有为目的，在签订、履行合同过程中，骗取对方当事人财物，数额较大的行为。《刑法》第二百二十四条还列举了合同诈骗罪的几种常见情形：“（一）以虚构的单位或者冒用他人名义签订合同的；（二）以伪造、变造、作废的票据或者其他虚假的房权证明作担保的；（三）没有实际履行能力，以先履行小额合同或者部分履行合同的方法，诱骗对方当事人继续签订和履行合同的；（四）收受对方当事人给付的货物、货款、预付款或者担保财产后逃匿的；（五）以其他方法骗取对方当事人财物的。”这几种情形只是合同诈骗罪的常见表现形式，并非对合同诈骗罪本质特征的概括。事实上，合同诈骗罪还有其他的表现形式，符合上述情形的行为也并不必然构成合同诈骗罪。但在司法实践中，不少司法人员把上述情形作为合同诈骗罪的判定标准，只要行为人在签订、履行合同过程中有虚构主体或提供虚假担保等行为，就认定其构成合同诈骗罪，完全不考虑其他足以证明行为人不具有非法占有目的的事实和证据，混淆了合同诈骗罪与经济纠纷的界限。

对法律概念的表述还应当力求语义清晰，尽量避免含糊不清的表述。用含糊的用语表述法律概念，很容易把相似的概念混为一谈，导致定性错误。但是，由于法律概念的表述多采用抽象、概括的用语，有的用语本身含义不确定，可以作多种解释，因此，要做到表述完全清晰、没有歧义，确实很难。在一般情况下，对于法律概念中的用语，大家的理解不会产生分歧。但是，当各方对某一用语产生争议时，就需要对该用语作更明确的解释。例如，盗窃是指以非法占有为目的，秘密窃取他人财物的行为。但是，在误开他人摩托车占为已有的案件中，对于该行为是否属于“秘密窃取”有争议，这时就需要对“秘密窃取”作更为明确的界定，将“秘密窃取”解释为“采取自以为不会被他人发觉的手段排除他人对财物的控制，转而实现自己控制”。这样，“秘密窃取”的判定标准就更加明晰了。

法律概念明确以后，应当根据查明的案件事实，对于案件事实是否符合相关法律概念的构成要件作出审查判断。这种审查判断首先要全面，看案件事实与相关法律概念的构成要件是否都相符。只有在案件事实完全符合相关法律概念构成要件的情况下，才能将案件事实用该法律概念定性，否则就应作出案件事实不符合该法律概念的判断。在实践中，有的司法人员往往抓住一点、不及其余。例如，在办理合同诈骗案件中，有的司法人员只要行为人在签订、履行合同中实施了欺骗行为，就认定其构成合同诈骗罪。这就是对案件分析不够全面，容易酿成错案。

对于案件事实是否符合相关法律概念构成要件的审查判断应当严格，不能抱着“差不多”的想法，把近似的事实划上等号。例如，在一起案件中，被告人开店经销他人的货物，发生长期业务往来后，欠下一部分货款拒不支付，后被告人更换门店经营地址未告知对方，不接对方的电话。办案人员认为，被告人的行为和《刑法》第二百二十四条规定的“收受对方当事人给付的货物、货款、预付款或者担保财产后逃匿的”合同诈骗行为差不多，认定其构成合同诈骗罪。这种似是而非的认定是办案过程中应当避免的。

对于案件事实是否符合相关法律概念构成要件的审查判

断还应做到客观。在刑事审判中尤其应当注意，不能因为案外的因素，对案件事实作牵强附会的解释，或修改犯罪的认定标准，将不符合犯罪构成要件的行为入罪，或将符合犯罪构成要件的行为出罪。例如，在一起案件中，被告人因为对房屋被强制拆迁不满，与拆迁工作人员发生争执，将两名拆迁工作人员咬伤，构成轻微伤。被告人的行为被认定为“目无法纪，肆意挑衅，随意咬伤他人”，构成寻衅滋事罪。该案系因拆迁纠纷而引发，被告人咬伤他人的行为与刑法第二百九十三条规定的“随意殴打他人，情节恶劣”的寻衅滋事行为明显不同。但是，办案机关对已经启动刑事程序的案件不敢作无罪处理，将被告人勉强入罪。这是不应该的。该案最终被再审改判无罪。

## 第三节　结论的验证

确立了法律大前提和事实小前提后，就可以形成案件处理的基本结论。但是，法官的思考不应到此为止。因为逻辑的作用是有限的，推理的过程布满陷阱，任何一个环节出错都可能导致结论错误。法官需要反复思量、仔细斟酌，对结论进行验证。验证的基本方法就是运用经验。

经验是人们在长期的社会生活实践中获得的知识和技能。美国联邦最高人民法院大法官霍姆斯有一句经典名言："法律的生命不是逻辑，而是经验。一个时代为人们感受到的需求、主流道德和政治理论、对公共政策的直觉——无论是公开宣布的还是下意识的，甚至是法官与其同胞们共有的偏见，在决定赖以治理人们的规则方面的作用都比三段论推理大得多。"① 这句话揭示了经验在法律运行中的重要作用。

人类实践经验是法律规则产生和发展的源泉。判例法以经验主义为哲学基础，成文法中的大量规则亦是对生活经验的提炼和总结。

经验是获得正确裁判结论的重要手段。美国当代著名法官波斯纳指出：在司法过程中有一种"无言之知"。"我们某些最复杂的思想是无言的，无意识的。""在法律推理过程中，无言之知就很重要。""法官凭自己的背景、训练以及从事司法之前的经验（其中有一部分经验是仅仅由于他是社会的一个成员而获得的），或许就有能力做出一些可以用高度复杂的措辞予以模型建构的判决，尽管这些措辞并非这位法

① ［美］小奥利弗·温德尔·霍姆斯著：《普通法》，冉昊、姚中秋译，中国政法大学出版社 2006 年版，第 1 页。

官思考时的措辞。"[①] 不少疑难、复杂案件，不能简单地依靠逻辑推理获得裁判结论，而需要借助于这种“无言之知”，即经验智慧。

经验也是检验裁判结论正确与否的重要标准。在通常情况下，司法裁判结论须符合普通人的生活经验，才能得到社会公众的尊重和认同;[②] 一项不符合多数人的生活经验，违背常理常情的判决，不可能得到人们的自觉遵守和执行。

经验是法官应当具备的素质。一名优秀的法官在裁判案件过程中必定能充分地运用经验。《圣经》中记载的所罗门断争子案的故事，所罗门就是运用了“母亲疼爱子女”这一经验常识，对案件作出了令人信服的裁判。[③] 众人认为所罗门心里有“神的智慧”，这种“神的智慧”就是经验。

中国传统文化以“实用理性”为特征，在思维方式上具

---

① ［美］理查德·A. 波斯纳著：《法理学问题》，苏力译，中国政法大学出版社 2002 年版，第 137、138、141 页。

② 在有的情况下，社会公众的观念已落后于社会发展的需要，法官需要作出引领时代潮流的判决。但这属于特例。

③ 该故事说的是两名妇女争夺一名婴儿，都声称自己是该婴儿的亲生母亲。在辨认不出谁是婴儿生母的情况下，所罗门声称要“把孩子劈了，一人一半”。一名妇女心疼孩子，放弃争夺，而另一名妇女则同意一人一半。所罗门据此判断心疼孩子的妇女是婴儿生母。参见《旧约全书。列王记上》第三章。

有贵领悟，轻逻辑，重经验的特点。① 我国古人对经验的重要性有很深刻的认识。例如，北宋欧阳修所著《卖油翁》一文对卖油翁酌油经过的描述："取一葫芦置于地，以钱覆其口，徐以杓酌油沥之，自钱孔入，而钱不湿。"这种高超技艺的形成不是靠严格的测量和精确的计算，完全是依靠经验（"唯手熟尔"）。《庄子》所讲的庖丁解牛、轮扁斫轮的故事也说明，经验中包含着一种无法用语言描述的智慧。这与波斯纳所说的"无言之知"是相通的。

在我国司法史上，经验一直发挥着重要的作用。古代司法主要依靠经验，司法官由行政官员兼任，缺少对法律方法和法律思维的系统研究，不注重逻辑的运用，根据儒家的天理人情解释法律，甚至撇开法律而径直根据情理或其他非成文法渊源判案。② 新中国成立后至上世纪八十年代，我国司法人员主要来源于行政干部或军人转任，其中大多数人员没有接受系统的法律职业教育，他们凭着生活和司法实践中积累的经验成功审判了大量案件。上世纪八十年代以来，受过专门教育的法律院校毕业生逐渐成为司法队伍的主流，但是，

① 李泽厚：《李泽厚十年集（1979－1989）》之《中国古代思想史论》，安徽文艺出版社 1994 年版，第 301 至 304 页。

② 贺卫方：《中国古典司法判决的风格和精神》，参见《司法的理念与制度》，中国政法大学出版社 1998 年版，第 188 至 217 页。

在学校所学的逻辑知识和法律方法终究是粗浅而有限的，经验仍在审判过程中发挥着重要作用。

事实上，所有的法律理论、逻辑归根到底都是经验的概括和总结。无论法律如何发展变化，它总是离不开经验的滋养，并要接受经验的验证。法官不能两眼只盯住法律条文，把办案当成从概念到概念的文字游戏，而应当关注社会现实，体察社情民意，培养对公共利益、时代需求、正义观念的敏锐直觉和判断力，做到世事洞明、人情练达，把经验的运用贯穿于裁判的全过程。

一个值得注意的现象是：近年来，随着对司法专业化的强调，司法过程中出现了重逻辑、轻经验的倾向。有的司法人员过于相信通过法律推理得出的结论，而不愿相信根据经验常识作出的直觉判断，以至于对公平正义失去了正常的感知能力。即使判决违背常理常情，不符合通行的公平正义观念，不少法官仍然相信：依法作出的判决不会有错，哪怕是天塌下来，也要坚持依法裁判。较为典型的事例如许霆案，法院第一次审判时，对许霆判处无期徒刑，普通人都觉得违背情理，而法官显然认为依法应当如此判决。我们审理买卖气枪铅弹案和走私象牙案也出现了类似的情况，买卖气枪铅弹二千五百发处十年有期徒刑，走私一根象牙或五千克象牙块处十年以上有期徒刑甚至无期徒刑，普通人觉得不可思议，法官却判得理直气壮。

重逻辑、轻经验还表现在司法人员对外行意见的漠视。有的办案人员很少听取当事人的意见。当事人往往是从普通人的视角谈自己的涉案经历和感受，其意见可能显得不专业，甚至翻来覆去、喋喋不休，有的当事人会提交冗长的书面陈述材料，期望引起办案人员的重视。但是，当事人的努力常常得不到积极的回应。在有的办案人员看来，当事人的意见或者是夹杂着私利，或者是出于对法律的无知，不值得认真对待。有的司法人员对舆论批评持强烈的排斥态度，把新闻媒体对案件的报道、评论一律称为“炒作”，认为舆论、媒体传递的是非理性的声音，封杀、抵制舆论成为一些司法机构及官员的习惯思维。有的司法人员甚至对不同业务部门的同行意见也持轻视态度，刑事法官常常认为民事法官不懂刑事审判，对刑事案件没有发言权，而民事法官也常常用同样的眼光看待刑事法官。

长期的职业训练已经使不少司法人员形成了一种思维定势，认为所有的案件处理都可以在现行法律法规、司法解释和惯例中找到答案，司法人员的职责就是将相应的法律规范适用于具体的案件，逻辑思维是司法人员的唯一思维方法，司法的过程就是基于法条分析的逻辑判断过程，而不应考虑道德、情理、常识、舆论、民意、公共政策、社会利益等经验因素。

这种观念在很大程度上禁锢了司法人员的思维。逻辑是思维的重要工具，但是，司法人员的逻辑并非总是正确的。法律大前提的选择、法律概念的界定、将案件事实涵摄于法律概念之下的过程，都有可能出错，裁判结论的可靠性也会因此而动摇。逻辑也不是万能的。在相互冲突的法律规范中如何确定司法三段论的法律大前提？在法律规范、法律概念有歧义的时候如何确定其真实含义？在法律滞后或出现谬误的情况下如何加以矫正？这些问题都不是逻辑所能解决的。尤其是在我国这样一个缺乏逻辑思维传统的国家，司法人员的逻辑思维能力普遍不高，片面强调逻辑的结果就好比邯郸学步，逻辑用不好，反而把我们的经验优势给丢了。

当然，经验思维也有其缺陷。经验思维能力的大小取决于个人经历、价值观和感知、判断能力，司法人员有时候很难对自己的个人偏见和社会通行观念作出区分，容易把个人经验误当作社会生活经验。经验是尚未系统化、条理化的知识，经验判断是一种直觉判断，“可意会而不可言传”，其过程很难用语言文字加以描述。因此，经验方法只能用来得出结论，却无法用来证明结论的正确性。正如波斯纳法官所说："无言之知是一种决定做（或如何做）某事的路子，但它不是一种证明该决定或行为正当的路子。"①

经验思维的缺陷需要用逻辑来弥补。在经验上成立的事实必定具有逻辑上的合理性。例如，有的人用手掂量就能准确测出物体的重量，这些物体的重量采用仪器称量的方法也能测得。卖油翁酌油、庖丁解牛、轮扁斫轮这些经验现象，也能够根据科学原理作出合乎逻辑的解释。同样，法官采用经验方法得出的裁判结论，也可以依据法理作出合乎逻辑的论证。因此，不能因为强调经验而否定逻辑的重要性。一些重视经验的优秀法官也同样重视逻辑。卡多佐大法官曾经指出："逻辑一致并不因为它并非至善就不再是一种善了"。霍姆斯在一句现已成为经典的话中曾告诉我们："法律的生命一直并非逻辑，法律的生命一直是经验"。但是，霍姆斯并没有告诉我们当经验沉默无语时应当忽视逻辑。②

如果说逻辑思维是法律人特有的思维，那么，经验思维就是普通人的天赋。法官既要有专门的技艺，又要能够像普

---

① ［美］理查德·A. 波斯纳著：《法理学问题》，苏力译，中国政法大学出版社 2002 年版，第 141 页。

② （美）本杰明·卡多佐著：《司法过程的性质》，苏力译，商务印书馆 2003 年版，第 17 至 18 页。

通人一样思考。如果法官不懂得推理技术，判案“跟着感觉走”，司法的过程将被非理性的冲动所支配，司法裁判将难以做到前后一致、同案同判。如果法官只相信逻辑而拒绝经验，将丧失普通人的天赋，以规则替代常识，以概念掩盖直觉，以技术遮蔽良知，难免作出脱离现实、违背天理人情的判决。

正确裁判的形成过程应当是在逻辑与经验之间循环往复不断深化的过程。法官采用逻辑方法形成的裁判结论应当通过经验加以验证，看裁判是否符合公共利益，是否体现了时代需求，是否符合通行的公平正义观念。法官也可以先采用经验方法进行直觉判断，再寻找裁判的法律依据，对经验判断结论用逻辑方法进行论证。如果逻辑判断和经验判断不符，法官需要对逻辑推理的过程进行反思，看法律适用依据是否适当、对法律概念的界定是否准确、对案件的定性分析是否正确，发现逻辑错误应当进行修正。如果法官确信逻辑推理的过程没有错误，则需要对经验判断进行反思，审视自己对公共利益、时代需求、正义观念的把握是否准确，是否夹杂了个人偏见，对错误的经验也应当进行修正。通过逻辑与经验之间的循环往复，使逻辑判断与经验判断趋于一致，这样形成的结论才是体现法律效果与社会效果相统一的正确裁判结论。

裁判中运用的逻辑方法不限于三段论推理，还包括反证、类比等推理方法。运用反证、类比等推理方法可以把一些抽象的结论转化为能用经验验证的命题，从而使逻辑和经验更有效地结合。例如，对于误开他人摩托车后占为己有的行为能否认定为盗窃罪，由于这种案件很少发生，很难直接用经验加以验证。法官可以采用反证法作如下推理：如果误开他人摩托车后占为已有的行为构成盗窃罪，那么，根据司法实务中通行的盗窃既遂认定标准（无论是“失控说”，还是“控制说”），行为人因误开而控制了他人摩托车，即构成盗窃既遂，而这时行为人的非法占有故意尚未产生，认定为盗窃既遂显然不能成立，据此，认为误开他人摩托车后占为已有的行为构成盗窃罪是错误的。再如，对于合同当事人在取得对方当事人交付的财物之后产生非法占有故意，将他人财物非法占为己有的行为，是否构成合同诈骗罪。法官把此类行为与实践中经常遇到的民事案件进行类比，将会发现：大量的买卖合同纠纷和借贷合同纠纷，都是一方当事人取得对方的财物后，编造种种理由，拒不支付欠款，民事审判实践中从未将此类案件作为诈骗案件处理，据此，认为此类行为构成合同诈骗罪是错误的。事实上，一些优秀律师经常用反证、类比等推理方法对自己的观点进行论证。遗憾的是，不少法官只偏执于自己的逻辑或个人的狭隘经验，以至于再雄辩的逻辑、再深刻的经验也难以进入其内心。

综上，司法的过程既需要逻辑，又需要经验，两者相互交织、相互渗透、相辅相成，正确的裁判应当是逻辑与经验的完美结合。

# Chapter 2

# 法律解释：

阐明法律的内容和含义

法律适用不仅需要法律推理，还要对法律进行解释。法律推理主要解决法律思维形式的有效性，而法律解释的任务则是阐明法律的内容和含义，明确法律推理的大前提。法律推理始终离不开对法律规则、法律概念的解释，法律解释贯穿法律推理的全过程。

法律解释对于法律实践具有重要意义。众多学者曾对此进行阐述，如："法律是一种阐释性的概念"。[①] "法律必须经由解释，始能适用"。[②] "法律解释乃是法适用之不可欠缺的前提"。[③] "法学（尤其是各部门法学科）的核心任务就是从事法的学理解释，从而形成法解释学。如在德国，法教义学其实就是法解释学，甚至连法学或法律学也有直接指称法解释学的含义。日本当代法哲学的权威碧海纯一也认为，

---

① ［美］德沃金著：《法律帝国》，李常青译，中国大百科全书出版社 1996 年版，第 364 页。

② 王泽鉴：《民法实例研习 · 基础理论》，三民书局 1993 年版，第 125 页。

③ 梁慧星：《民法解释学》，中国政法大学出版社 1995 年版，第 194 页。

"法解释学基本上与'实定法学'具有相同含义，包括宪法学、行政法学、民法学、商法学、刑法学、劳动法学、国际私法学、国际（公）法学等。"① 在司法实践中，大多数法律适用争议是关于如何解释法律的争议。例如，在许霆案中，利用自动取款机故障多次取款是否构成盗窃？"盗窃金融机构"如何认定？如何适用刑法第六十三条第二款？这些都涉及如何解释法律的问题。在吴英案中，如何理解集资诈骗罪的犯罪构成？集资诈骗罪的死刑适用标准如何把握？这些也属于法律解释问题。

尽管法律解释在司法中的作用极为重要，但是，不重视法律解释、不懂得如何解释法律的问题在实践中依然较为突出。不少司法人员对于法律解释的认识还处于蒙昧阶段，有的不敢对法律进行解释，只知道机械地执行上级的规定，导致了司法的僵化、保守，不能满足现实需要；有的不懂得如何正确地解释法律，对法条作任意的解释，导致了一些案件法律适用错误。加强对法律解释的理论研究，是当今司法领域中的重要课题。

---

① 孙笑侠、夏立安主编：《法理学导论》，高等教育出版社 2004 年版，第 271 页。

## 第一节　法官解释法律的必要性

在我国，法官在裁判过程中能否对法律进行解释，仍是一个有争议的问题。法律并未赋予法官解释法律的权力。① 在司法实践中，法官很少在裁判文书中阐述对法律问题的见解。传统的裁判文书行文模式较为固定，“千案一面，缺乏论证断理”。② 上世纪九十年代后期，法院推行裁判文书改

---

① 1981 年《全国人民代表大会常务委员会关于加强法律解释工作的决议》规定：“一、凡关于法律、法令条文本身需要进一步明确界限或作补充规定的，由全国人民代表大会常务委员会进行解释或用法令加以规定。二、凡属于法院审判工作中具体应用法律、法令的问题，由最高人民法院进行解释。凡属于检察院检察工作中具体应用法律、法令的问题，由最高人民检察院进行解释。最高人民法院和最高人民检察院的解释如果有原则性的分歧，报请全国人民代表大会常务委员会解释或决定。三、不属于审判和检察工作中的其他法律、法令如何具体应用的问题，由国务院及主管部门进行解释。四、凡属于地方性法规条文本身需要进一步明确界限或作补充规定的，由制定法规的省、自治区、直辖市人民代表大会常务委员会进行解释或作出规定。凡属于地方性法规如何具体应用的问题，由省、自治区、直辖市人民政府主管部门进行解释。”

② 肖扬：《全面推进人民法院的各项工作，为改革、发展、稳定提供有力的司法保障》，载《最高人民法院公报》1999 年第 1 期，第 16 页。

革，这种状况开始有所改善。但在裁判文书中仍几乎看不到法官对法律问题的阐释。

当前，裁判文书的论证说理通常涉及以下几个方面：一是对事实与证据的分析认定。二是对案件事实是否符合法律规定的构成要件的评判。三是对影响裁判结果的理由阐述。例如，在许霆案重审一审判决书中，法官在认定事实并详细列举了十六项证据之后，对被告人、辩护人的辩解及辩护意见作了如下评判：

1. 关于辩护人提出本案事实不清，证据不足的意见，经查，第一，完整流水记录数据和涉案账户取款交易明细以及账户流水清单，证实被告人许霆的银行卡账户在案发前余额为176.97元，案发期间共成功取款171次，其中167次每次取款1000元，账户实际每次扣款1元，4次每次取款2000元，账户实际每次扣款2元。许霆共取款175000元，账户实际共扣款175元。银行监控录像证实许霆及郭安山在涉案自动柜员机取款，记录的时间与完整流水记录数据及账户流水清单记录的时间相对应。此外，许霆及郭安山的供述，亦证实许霆取款前账户余额只有170多元，但在涉案自动柜员机共取款17万余元。第二，广州市商业银行出具的情况说明，证实该单位每天23时以后切换会计日期记账，导致账户流水清单将23时以后的取款日期记录为次日，因而记录的部分时间和次序有误。第三，广州市商业银行的书面报案陈述及其工作人员黄某某、卢某的证言，证实涉案自动柜员机的异常是由于系统升级造成，出现的异常情况是持卡人指令取款1000元，自动柜员机也出钞1000元，但持卡人账户实际扣账为1元。上述证据在账户余额、取扣款金额、取扣款次数以及柜员机出现的异常情况等方面均能相互印证，足以证实因涉案自动柜员机出现异常，许霆持本人仅有176.97元的银行卡，在该自动柜员机上171次取款175000元，账户实际仅扣175元的事实。辩护人提出本案事实不清，证据不足的辩护意见不能成立。

2. 关于辩护人提出被告人许霆的行为不构成盗窃罪，是民法上的不当得利，应对其作出无罪判决以及许霆提出其是保护银行财产而取款的意见，经查，许霆是在正常取款时，发现自动柜员机出现异常，能够超出余额取款且不能如实扣账之后，在三个时间段内170次指令取款，时间前后长达3个小时，直至其账户余额仅剩1.97元为止，然后携款逃匿，其取款的方式、次数、持续的时间以及许霆关于其明知取款时“银行应该不知道”、“机器知道，人不知道”的当庭供述，均表明许霆系利用自动柜员机系统异常之机，自以为银行工作人员不会及时发现，非法获取银行资金，与储户正常、合法的取款行为有本质区别，且至今未退还赃款，表明其主观上具有非法占有银行资金的故意，客观上实施了秘密窃取的行为。许霆的行为符合盗窃罪的主客观特征，构成盗窃罪。许霆关于是为保护银行财产而取款，并准备把款项交给单位领导的辩解，缺乏事实根据，不能成立。辩护人关于许霆的行为不构成盗窃罪、属于民法上的不当得利、应对许霆作出无罪判决的辩护意见亦不能成立。

3. 关于辩护人提出被告人许霆的行为不属于盗窃金融机构的意见，本院认为，自动柜员机是银行对外提供客户自助金融服务的专有设备，机内储存的资金是金融机构的经营资金，根据最高人民法院《关于审理盗窃案件具体应用法律若干问题的解释》第八条“刑法第二百六十四条规定的盗窃金融机构，是指盗窃金融机构的经营资金、有价证券和客户的资金等，如储户的存款、债券、其他款物，企业的结算资金、股票，不包括盗窃金融机构的办公用品，交通工具等财物的行为”的规定，许霆的行为属于盗窃金融机构。辩护人关于许霆的行为不属于盗窃金融机构的辩护意见于法无据，不予采纳。

上述第 1 点是对事实与证据的分析，通过揭示证据与事实之间的逻辑联系，证明判决认定事实的正确性，否定了辩护人提出的“本案事实不清，证据不足”的意见。第 2 点、第 3 点分别对许霆是否构成盗窃罪、是否属于盗窃金融机构进行了分析，这是对三段论推理的运用，将案件事实涵摄于“盗窃罪”、“盗窃金融机构”的概念之下。判决书中还有一段论述：“许霆盗窃金融机构，数额特别巨大，依法本应适用‘无期徒刑或者死刑，并处没收财产’的刑罚。鉴于许霆是在发现银行自动柜员机出现异常后产生犯意，采用持卡窃取金融机构经营资金的手段，其行为与有预谋或者采取破坏手段盗窃金融机构的犯罪有所不同；从案发具有一定偶然性看，许霆犯罪的主观恶性尚不是很大”，这是对判决理由的阐述。

但是，上述分析论证并没有涉及法律的内容本身，如“什么是盗窃罪”、“什么是盗窃金融机构”等问题。这与学术界对许霆案的争论有很大不同。众多学者在讨论过程中，对如何把握盗窃罪的构成要件、如何认定盗窃金融机构出现了重大分歧，有的学者甚至对如何认定盗窃金融机构数额特别巨大也提出了与通说不同的看法。而法官们则认为，“什么是盗窃罪”、“什么是盗窃金融机构”等问题都是法律、司法解释已作了明确规定的，不需要讨论，即使法律、司法解释的规定不合理，法官也无权提出批评或质疑。

显然，在法官们看来，在司法过程中，法律规则是作为“已知条件”事先给定的，法律规则的含义或适用标准不明确，应当由规则的制定者进行解释；法官的职责仅仅是执行既定的规则，而无权对法律进行解释。在这种观念指引下，大多数法官在裁判案件过程中总是小心翼翼，只援引法律或司法解释的规定，而不敢对法律进行解释，避免侵入立法者的领地。如果有哪一位法官在裁判文书中加入自己对法律的理解，则很容易招致质疑：“你这样做的法律依据何在？立法机关、最高人民法院对此有规定吗?”按照这种观念，法官只是法律的“自动售货机”,① 除了法律明确规定的事项外，法官什么也不能做。

然而，如果法官恪守“自动售货机”的角色，那么，我们的司法体系将根本无法正常运行。法律的适用离不开法官对法律的解释。因为，法律是通过文字加以表述的。“在所有的符号中，文字是最重要、最复杂的一种。几乎任何用语的意义都会由核心意义向边缘扩展，使之外延模糊；绝大部

① 马克斯·韦伯在谈到欧洲大陆的司法制度时说：“现代的法官是自动售货机，投进去的是诉状和诉讼费，吐出来的是判决和从法典上抄下来的理由。”参见［美］刘易斯·A. 科瑟著：《社会学思想名家——历史背景和社会背景下的思想》，石人译，中国社会科学出版社1990年版，第253页。

分用语都具有多种含义；法律制定以后，其所使用的文字还不断产生新的含义，而且言不尽意的情况总是存在的。”① 所以，法律的文字表述总是存在疑问，需要通过解释澄清其含义。具体而言，体现在几个方面：

一、概括、抽象的法律用语需要通过解释划定其边界。法律语言具有概括、抽象的特点。在一部法律中，大多数用语的内涵、外延具有模糊性，可以作多种解释，需要通过解释划定其边界。例如，刑法第二百六十四条规定：“盗窃公私财物，数额较大或者多次盗窃的，处三年以下有期徒刑、拘役或者管制，并处或者单处罚金；数额巨大或者有其他严重情节的，处三年以上十年以下有期徒刑，并处罚金；数额特别巨大或者有其他特别严重情节的，处十年以上有期徒刑或者无期徒刑，并处罚金或者没收财产。”在这一法条中，“盗窃”“财物”“数额较大”“数额巨大”“数额特别巨大”“多次盗窃”“严重情节”“特别严重情节”的含义，都需要通过解释予以明确。

二、法律需通过不断地解释适应社会的变迁。法律条文相对固定，而社会变动不居。法律要适应社会的发展变化，

---

① 张明楷：《刑法分则的解释原理》，《序说》第 4 页，中国人民大学出版社 2004 年版。

需要不断地对一些法律用语作出新的解释，赋予其新的含义。例如，1998 年发布的《最高人民法院关于审理盗窃案件具体应用法律若干问题的解释》规定盗窃罪“数额较大”、“数额巨大”、“数额特别巨大”的标准分别为“五百元至二千元以上”、“五千元至二万元以上”、“三万元至十万元以上”。经过若干年之后，上述标准就与我国社会经济发展水平不相适应，需要对“数额较大”、“数额巨大”、“数额特别巨大”的标准作出新的解释。此外，对于立法时未曾考虑到的一些新情况、新问题，也需要通过解释，明确对其适用何种规范，许霆案就属这种情形。立法者在立法时并未考虑过利用 ATM 机故障多取款是否属于“盗窃金融机构”的问题，需要通过解释，明确该行为能否认定为“盗窃金融机构”。

三、过去形成的错误的法律解释需要通过新的解释予以纠正。由于人的认识能力是有限的，无论是谁、无论是哪个机关作出的法律解释，都有可能出现错误。如果法官对法律解释中的错误无动于衷，盲目地适用错误的解释，就无法公正地裁判案件；错误的法律解释不及时纠正，还会导致一系列的案件错判。因此，法官发现过去的法律解释有错误，应当予以纠正，对法律作出新的解释。

四、法律中的缺陷应当通过解释加以弥补。成文法有其固有的局限性，法律在文字表述上表达不清、词不达意、言不尽意乃至自相矛盾的情况总是难免的。法官在适用法律过程中，应当通过解释弥补法律的缺陷，把法律的意思准确地表达出来。例如，刑法第二百三十二条规定："故意杀人的，处死刑、无期徒刑或者十年以上有期徒刑；情节较轻的，处三年以上十年以下有期徒刑。"从字面上看，似乎因正当防卫或执行公务而把人杀死的，也符合该罪的构成要件。但是，结合刑法第二十条关于正当防卫的规定及考查立法目的，就可以得出因正当防卫和执行公务而把人杀死不构成故意杀人罪的结论。类似于这样的问题，就需要通过解释来阐明法律的本意。

也许有人认为，法律固然需要解释，但解释法律的权力不应由法官行使，而应当由专门的机构统一行使，这样才能避免法律解释的混乱，统一裁判尺度。事实上，我国现行的法律解释体制也正是按照这种思路设计的。但是，这样的制度缺乏可操作性。法律中有大量问题需要解释。就我国刑法而言，单单对刑法分则各条款中频频出现的"数额较大（巨大）""情节严重（特别严重）"等用语进行解释，其篇幅就将达刑法文本的数倍，更不用说对各法律概念、各罪的构成要件作出准确、完整的界定。没有一个机构能够制定出一部包罗万象的法律解释来，把司法过程中可能遇到的法律问题完全解释清楚。即使解释机构真的能对法律逐条逐句作出解释，在解释适用的过程中还会遇到很多不明确的问题，需要进一步解释。而且，司法中的新情况、新问题会不断出现，需要不断地对法律解释进行补充、更新。因此，将所有法律问题交由专门机构统一解释，是根本无法做到的。

事实上，也没有一个法官能完全恪守“自动售货机”的角色。在大部分案件中，法官的裁判理由并不是全部从法典或司法解释中抄下来的。例如，在盗窃案件中，法官一般这样表述：“被告人某某以非法占有为目的，秘密窃取他人财物，数额较大，其行为已构成盗窃罪。”但是，我国刑法和司法解释并没有把“盗窃罪”解释为“以非法占有为目的，秘密窃取他人财物，数额较大的行为”，这种表述实际上源于刑法教科书的学理解释，只是大家都已经习惯了这种表述，使很多人误以为是法律对盗窃罪概念的规定。在许霆案再审判决中，法官虽然没有直接对法律问题进行阐释，但判决中也隐含着法官对法律的解释。其认为许霆构成盗窃罪，就是建立在“利用自动柜员机系统异常之机，采取自以为银行工作人员不会及时发现的方法，非法获取银行资金，属于秘密窃取”这一判断的基础上的。而法官对“秘密窃取”的这一解释，也并非从“法典上抄下来的裁判理由”。可以说，法官审理每一个案件，都会按照自己的理解对法律进行解释，只是这种解释通常不会在裁判文书中明确表述而已。法官在裁判过程中对法律进行解释，乃是一个无法回避也无法否认的客观事实。

但从总体上看，我国法官对法律的解释仍是机械、消极、被动的，没有多少创造性。如果法律、司法解释对某一法律问题有明确的规定，法官会直接引用法律、司法解释的规定——在许霆案再审判决中，法官对“盗窃金融机构”的解释就直接引用了司法解释的规定；如果法律、司法解释没有规定，法官通常会采用约定俗成的解释，“别人怎么判，我也怎么判”；如果对某些法律问题需要有所创新、突破，法官就会犹疑不决，最常见的做法是请示领导，“领导怎么说，我就怎么判”。

我国现行司法体制也不容许法官在个案裁判中对法律、司法解释进行创新和突破。2003 年，河南洛阳中院法官李慧娟在判决书中称地方法规中的某一项规定因与上位法冲突而自然无效，引起了一场轩然大波，差点儿被免职。在日常工作中，下级法院经常向上级法院反映司法解释的某些规定不合理或过时了，需要修改。上级法院总是答复：在司法解释没有修改之前，还是要执行司法解释的规定。《最高人民法院关于司法解释工作的规定》第五条规定：“最高人民法院发布的司法解释，具有法律效力。”这一规定通常被理解为：司法解释必须严格执行，法官不得拒绝适用生效的司法解释。

不承认法官有解释法律的权力，给我们的司法及法治带来诸多负面影响：

一、机械司法的观念盛行。本本主义、唯上是从、因循守旧的思想观念在司法实践中占主流地位。有的法官在司法解释没有规定的情况下，不知道如何适用法律。我们在办理首例走私木炭案件和首例走私珍稀植物案件过程中，就有人认为，尽管被告人走私数量很大，但由于司法解释对此类案件的定罪量刑标准没有规定，仍不能认定为犯罪“情节严重”。由于法官办案严重依赖于司法解释，一些法律规定在法律颁布施行之后仍不能立即付诸实施，需等到相关司法解释出台才真正落实。例如，2011 年 5 月 1 日施行的《刑法修正案(八)》将走私普通货物罪的定罪量刑标准由具体的数额规定修改为“数额较大、巨大、特别巨大”的弹性标准，其本意是让司法机关根据社会经济发展状况及时修改数额标准，但是，最高人民法院直至 2014 年 9 月才对走私普通货物罪的定罪量刑数额标准作出修改，把相关法律规定的落实时间推迟了三年多。有的法官只要找到能够适用于手头案件的司法解释或上级司法文件，就作为审判依据，完全不考量司法解释或文件规定的合理性和实施的社会效果，导致一些案件不能得到公正处理。

二、抑制了法官的司法智慧。一些法官成了“办案机器”，只知道机械适用法条和执行上级指令，而不能创造性地解决司法疑难问题，实现公平正义；只知道按法律的字面意思解释法律，而不能探究立法意旨，寻找法的真义，弥补法律的漏洞和缺陷。在法官制作的裁判文书中，很少见到论证严谨、逻辑严密、说理透彻、旁征博引的法理分析，缺少对公平正义、公共利益、时代需求的深刻把握，不能从中提炼出对今后司法实践具有普遍指导意义的裁判规则。大多数法官只知埋头办案，缺乏足够的理论自觉，未能熟练掌握法律解释的方法和技能，没有形成系统、完善的司法理论体系，使得我国的司法工作长期在较低水平徘徊。

三、阻碍了法律体系的完善和进步。法律需要在实践中接受检验，并不断地修改、完善。法律的实施中有哪些问题，法官有最直接、最深切的体会。如果不允许法官对法律进行解释，不允许法官对不合理或过时的司法解释提出质疑，那么立法者和司法解释的制定者将不能及时发现法律、司法解释中存在的问题，也不会有修改、完善法律和司法解释的动力，法律体系的完善和进步就会受到阻碍。现行司法解释中，有不少不合理的，或者是十余年前制定的、早已过时的规定，没有及时修改、清理，至今仍在实施，就是这个原因。

我深信，如果不允许法官对法律进行解释，那么，我们就不会有优质的司法、睿智的法官和博大精深的司法理论，也不可能建立起真正的良法美制。丹宁勋爵有言："一个法官绝不可以改变法律织物的编织材料，但是他可以，也应该把皱折熨平。"① 通过解释法律熨平"法律的皱折"，乃是法官的职责。法官不仅有权在没有现成法律解释的情况下创造性地解释法律，也有权对已有的法律解释品头论足，提出新的解释方案。

## 第二节　法律解释的原则

在过去的司法实践中，由于不承认法官有解释法律的权力，法律解释的方法对法官而言成了"屠龙之术"。虽然法学教科书中有对法律解释方法的简单介绍，但这些方法似乎只对法律解释文本的起草有指导意义，对司法实践并无价值。

---

① ［英］丹宁勋爵著：《法律的训诫》，杨百揆、刘庸安、丁健译，法律出版社1999年版，第13页。

一旦承认法官有解释法律的权力，解释法律将成为法官的一项基本技能，对这一问题的研究也就显得紧迫而重要。

法律解释的方法不一而足，法学教科书中所列举的常见方法有文理解释、体系解释、历史解释、目的解释等。用卡多佐的话说，当法官用不同的解释方法得出一个案件结论的时候，就是将各种信息资源以不同的比例投入法院的锅炉中，酿成一种化合物。[①] 法官对解释方法的运用须受一定的原则所支配，正是这些原则，才使得法官对法律的解释有章可循、前后一致。把握这些原则无疑是法律解释中的首要问题。

## 一、正义原则

对法律的解释应当符合正义，对于这一点恐怕不会有什么争议。

---

① 卡多佐的原话为：“当我决定一个案件时，我到底做了什么？我用什么样的信息资源来作为指导？我允许这些信息在多大比重上对结果起了作用？它们又应当在多大比重上发挥作用？如果可以适用某个司法的先例，在什么时候我会拒绝遵循这一先例？当没有可以适用的先例时，我又如何获得一个规则而同时又为未来制定一个先例？如果我寻求的是逻辑上的前后一致，寻求法律结构上的对称，这种寻求又应走多远？在哪一点上，这种追求应当在某些与之不一致的习惯的面前、在某些关于社会福利的考虑因素的面前以及我个人的或共同的关于正义和道德的标准面前止步？日复一日，以不同的比例，所有这些成分被投入法院的锅炉中，酿造成这种奇怪的化合物。”参见（美）本杰明·卡多佐著：《司法过程的性质》，苏力译，商务印书馆 2003 年版，第 1 至 2 页。

正义是法律的核心价值，也是法律的目的。法是“善和公正的艺术”。成文法是正义的文字表述。法律应当具有正义性，正义对法律具有评价作用。通过法律实现正义也体现了人民意志。虽然法律在文字表述上可能出现缺陷、漏洞，甚至可能被掺入起草者的个人意图，但人民通过立法机关制定法律的目的在于实现正义，这是毋庸置疑的。对法律作正义的解释符合人民和立法机关的意志。因此，当法官对法律进行解释的时候，首先应当认为法律是符合正义的，任何不符合正义的解释应当认为不是法律的本意，是对法律精神的背离和歪曲。“解释者不能大脑一片空白，目光不断往返于法条文字与汉语词典之间；而应当心中永远充满正义，目光不断往返于刑法规范和生活事实之间。”① “正义可以填补法律空白，正义可以作为纠正法律失误的力量，正义可以作为法律解释的标准”。②

国外一些优秀法官十分重视在司法过程中发挥正义的引领作用。卡多佐认为，当法官根据逻辑推演，对案件的处理有多条道路可供选择时，就要根据正义、道德和社会福利决定案件的方向。“之所以遵循了一条道路，而关闭了另一条

---

① 张明楷著：《刑法学》，法律出版社 2011 年版，第 15 页。

② 张文显主编：《法理学》，高等教育出版社、北京大学出版社 1999 年版，第 255 页。

道路，这是因为在这位司法者心目中有这种确信，即他所选择的道路导向了正义。诸多类推和先例以及它们背后的原则都被摆到一起，相互争夺着优先权；但最终，那个被认为是最根本的、代表了更重大更深广的社会利益的原则打得其他竞争原则落荒而去。”①

丹宁勋爵主张法官应根据公正的原则，结合案件发生的具体情况灵活地解释法律，而不必拘泥于法律本身。他主张，法官一方面要依据法律办案，另一方面必须考虑公正，而公正的原则是高于法律条文和过去的判例的，他明确指出：“成文法和其他法律文件的语言永远不可能是绝对明确的，因此解释它们的时候就有两条可供选择的道路，我总是倾向于公正的解释，而上议院肯定不这么认为……他们认为最重要的是实现法律，而我认为是实现公正。”他说，他作为法官的基本信念是，“法官的作用就是在他面前的当事人之间实现公正。如果有任何妨碍做到公正的法律，那么法官所要做的全部本分工作就是合法地避开——甚至改变——那条法律”。②

---

① ［美］本杰明·卡多佐著：《司法过程的性质》，苏力译，商务印书馆2003年版，第23页。

② 刘庸安：《丹宁勋爵和他的法学思想》，参见［英］丹宁勋爵著：《法律的训诫》，杨百揆、刘庸安、丁健译，法律出版社1999年版，中译本前言第9页。

发生于1882年的美国纽约的埃尔默案就是用正义原则解释法律的典型案例。埃尔默的祖父在遗嘱中给埃尔默留下了一大笔遗产，但埃尔默怀疑再婚的祖父可能会更改遗嘱而使他一无所获，就用毒药杀害了自己的祖父。埃尔默因此被判处监禁。立遗嘱人的女儿们提出，既然埃尔默杀害了立遗嘱人，那么法律就不应赋予埃尔默遗产继承权，应由她们取代埃默尔继承遗产。在被指定的遗产继承人杀害了立遗嘱人的情况下，他是否还能根据遗嘱中的条件继承遗产，纽约的遗嘱法对此并未作出明确的规定。法院判决埃尔默丧失继承权。厄尔法官代表大多数法官表达了意见。“他说，法规的构想应以他称之为法律的普遍原则为背景，而不应以处于历史孤立状态中的文字为依据。他的意思是法官应该构思出一种法规，使它与法律中普遍存在的正义原则越接近越好。他提出了两个理由。首先，假定立法者具有一种普遍和广泛尊重传统正义原则的意图，那是合乎情理的，除非他们明确表示相反的态度。其次，既然一条法规是一种更大的智力体系即整个法律的组成部分，那么法规的构思就应使它与那种更大的体系在原则上相符。厄尔法官论证说，在任何地方，法律都尊重下述原则，即任何人不得从其错误行为中获得利益，因此，遗嘱法应被理解为否认以杀人来获得遗产者的继承权。”①

对法律作正义的解释，要求法官对社会通行的正义观念有敏锐的感知能力，对人世间的不公和苦难有一颗悲悯之心。如果没有正义感和同情心，法官就会为了某种需要而对法律作任意的解释。《韩非子》中有这样一段论述：“殷之法刑弃灰于街者，子贡以为重，问之仲尼。仲尼曰：‘知治之道也。夫弃灰于街必掩人，掩人，人必怒，怒则斗，斗必三族相残也。此残三族之道也，是刑之可也。且夫重罚者，人之所恶也；而无弃灰，人之所易也。使人行之所易，而无离所恶，此治之道’。”在这里，“子贡以为重”，正是基于一种朴素的正义观。而孔子（实际上是韩非借孔子之口）却为了实现“治之道”，将“弃灰于街”这一危害甚轻的行为论证为“三族相残之道”，为重刑找理由。这样，法律就不再代表正义，而成了统治的手段。类似的论证方式在当代司法中也时常可见。在“薄王”治理下的重庆，有的司法人员就是这样深文周纳、罗织罪名，制造了一批冤案。较著名的如“一坨屎”劳教案，网民方洪因为在网络上发帖讥讽重庆地方政治，被

① ［美］德沃金著：《法律帝国》，李常青译，中国大百科全书出版社 1996 年版，第 14 至 19 页。

认定“在腾讯网络散布谣言，扰乱社会治安秩序”，处以劳教。这样解释法律显然是与正义原则相违背的。

对法律作正义的解释，要求法官敢于对现有的规定或约定俗成的观念提出批评质疑。如果法官对不合理的规定、错误的惯例无动于衷、麻木不仁，司法正义就会成为空中楼阁。2011 年，河南平顶山中院审理了轰动一时的“天价过路费”案。被告人时建锋被认定偷逃过路费 368 万余元，法院以诈骗罪判处其无期徒刑。该案后来被发现事实不清、数额认定不当。经再审，法院认定时建锋伙同他人偷逃过路费 49 万元，属从犯，以诈骗罪判处其有期徒刑二年六个月。但是，即使经过再审，仍有一个问题未引起法官们的重视，即：使用假军车号牌偷逃过路费是否构成诈骗？对此，《最高人民法院关于审理非法生产、买卖武装部队车辆号牌等刑事案件具体应用法律若干问题的解释》规定：“使用伪造、变造、盗窃的武装部队车辆号牌，骗免养路费、通行费等各种规费，数额较大的，依照刑法第二百六十六条的规定定罪处罚”，即构成诈骗罪。但是，最高人民法院的该解释值得质疑：偷逃过路费只是造成公路部门的收费损失，并没有造成财产被偷逃者非法占有，故这种行为不符合“以非法占有为目的，采用虚构事实、隐瞒真相的方法骗取他人财物”的诈骗罪构成；如果虚构事实、隐瞒真相偷逃过路费能认定为诈骗，那么，虚构事实、隐瞒真相逃税、逃废债务也同样构成诈骗罪，但这并不符合刑法的规定。由于使用假军车牌照偷逃过路费构成诈骗罪是司法解释所规定的，很多法官对它的正确性就不再怀疑，即使执行司法解释规定造成不公正的判决结果，法官也安之若素。显然，正是对现行规定和惯例的迷信，遮蔽了法官对正义的感知能力。事实上，真理往往是在批评与反批评中被发现的。也许正因如此，霍姆斯大法官才会被称为“伟大的异议者”。

正义原则无疑应当作为法律解释的根本原则，由此可以派生出合法性原则、合理性原则、预测可能性原则。

## 二、合法性原则

一国的法律体系应当视为以正义为核心价值的有机整体，与这一体系相协调的规则属于“合法的法”、有效的法，与这一体系不相协调的规则属于法律体系中的“异己力量”，应当予以修正或舍弃。因此，对法律的解释应当努力使法律规则体系相协调，这就是法律解释的合法性原则。

合法性原则是正义原则的合理引申。正义是法律的核心价值，在这个意义上，“具有合法性”与“符合正义”是同义语。正义具有抽象性，对是否符合正义的判断带有较强的主观性；而法律是以文字形式表达的正义，其内容相对具体而明确，合法性原则为正义原则提供了较为客观的判断标准。具体而言，它包括几个方面：

（一）对下位法的解释应当符合上位法。对法律的解释首先要符合宪法。宪法在法律解释过程中并非毫无用处，例如，司法解释对非法买卖气枪铅弹定罪量刑标准的规定是否过度限制了国民自由，有违宪法尊重与保障人权的精神？将在网络上发布虚假信息的行为解释为寻衅滋事罪是否与宪法对言论自由的保护相冲突？这些都涉及对宪法精神的把握。在法律不与宪法相抵触的情况下，对法规、规章的解释应当符合法律，与上位法相抵触的法规、规章不能作为审判依据。有不少法律用语的含义是根据行政法规、规章来界定的，需要注意行政法规、规章对相关用语的界定是否符合上位法。例如，目前办理涉枪支刑事案件，枪支的认定标准是根据公安部于2007年发布的《枪支致伤力法庭科学鉴定判据》和2010年修正发布的《公安机关涉案枪支弹药性能鉴定工作规定》。这两个文件规定：“当所发射弹丸的枪口比动能大于等于1.8焦耳/平方厘米时，一律认定为枪支。”这一标准将鉴定为枪支的临界值大幅度地降低到接近原有标准的十分之一左右，导致很多自以为买卖、走私“玩具枪”或“仿真枪”

的人被司法机关以非法买卖枪支罪、走私武器罪追究刑事责任。在《枪支管理法》没有修改的情况下，对枪支的认定标准作如此大幅度的调整，是否符合立法本意，值得质疑。对这类规范，如果法官经审查认为与上位法相抵触，就不应适用。

（二）法律解释应当符合立法目的、原则和原意。2015年修订的《立法法》第一百零四条规定："最高人民法院、最高人民检察院作出的属于审判、检察工作中具体应用法律的解释，应当主要针对具体的法律条文，并符合立法的目的、原则和原意。"该条规定对司法解释的合法性提出了要求，包括两层含义：1. 司法解释应当主要针对具体的法律条文。不针对具体法律条文，没有法律条文作为依据的司法解释属越权解释。这类司法解释在刑法司法解释中较少，但在民商事法律和诉讼法司法解释中时常出现。例如，我国刑事诉讼法中并没有单位犯罪审理程序的规定，但司法解释中却有这方面的内容。但我以为，这类司法解释只是不具备形式上的合法性，审判实践中遇到的大量问题法律没有明文规定，但法官又不能拒绝裁判，只能由法官作出解释。这类解释只要与整个法律体系相协调，仍具有实质上的合法性，应通过一定的途径将其上升为法律。2. 司法解释应当符合立法目的、原则和原意。与立法目的、原则和原意不符的司法解释不具有合法性，应当赋予法官对这类解释拒绝适用的权力。司法解释的制定机关发现这类情况，应当及时对司法解释作出修改。例如，对于买卖气枪铅弹的司法解释，我们也可以从违背罪刑相适应原则的角度，认为其不具有合法性，排除其适用。除司法解释外，最高司法机关、各地方司法机关为了解决司法实践中的共性问题，常常制定一些规范性文件，如会议纪要、指导意见、疑难问题解答等，这些文件并非司法解释，不具有法律效力，但是，其中与立法目的、原则和原意相符的内容具有实质上的合法性，法官可以采纳作为裁判理由，最高司法机关应将这些内容上升为有法律效力的司法解释或判例。

（三）对某一具体法律规范的解释应和其他相关法律规范相协调。在整个法律体系中，不少规范的内容是相互协调、相互衔接的。例如，《刑法》中的扰乱公共秩序罪、危害公共安全罪、侵犯公民人身权利罪、侵犯财产罪与《治安管理处罚法》规定的扰乱公共秩序的行为、妨害公共安全的行为、侵犯人身权利、财产权利的行为有明显的衔接关系；关于生产、销售伪劣商品罪的规定与《产品质量法》《食品安全法》《药品管理法》的相关规定衔接；《刑法》中的枪支、弹药概念与《枪支管理法》中的相关概念具有一致性；《刑法》中的公司、财产、财物等概念与民商事法律中的相关概念相一致。法官在解释这些法律规范、法律概念的时候，就要考虑相关法律规范之间的协调性。但是，协调不一定是完全一致。不同的法律因为立法目的、调整对象不同，有的概念在字面上相同或相近，实际上是有区别的。例如，《刑法》中规定的“爆炸物”，与《民用爆炸物品安全管理条例》中的“民用爆炸物品”，就不是同一概念。

### 三、合理性原则

法律解释的合理性原则，是指法律解释应当体现社会通行的正义和道德观念，符合常理、常情和常识。合理性原则与正义原则之间的派生关系十分明显，“合理”在很大程度上就是指“合乎正义”。由于多数法律用语具有模糊性，可以作多种解释，从表面上看，似乎哪种解释都符合法律的规定。这时，进行合理性判断就显得十分必要，只有合理的解释才是真正合法的。

之所以要对法律作合理的解释，其中的道理也十分浅显。因为，只有对法律做合理的解释，法律才有正当性，依据法律作出的判决才合乎正义和道德，才能为公众所接受，才能给社会带来最大利益。试想，假如在目前的经济发展水平下，最高人民法院把盗窃罪"数额较大"的标准解释为一百元，达到这一数额的就予以定罪处罚，把"数额特别巨大"的标准解释为一万元，达到这一数额的就在十年以上处刑。如此严厉的刑罚肯定会引起公众的不满，引发大量申诉信访甚至社会动荡。显然，合理性原则在对任何法律规范的解释中都应坚持。在刑法解释中，对于刑法分则各罪名定罪量刑标准的把握，贯彻合理性原则尤为重要。

涉及刑法分则各罪名定罪量刑标准的规定有三种形式：一是在刑法中直接加以规定。如《刑法修正案（七）》实施前的偷税罪、《刑法修正案（八）》实施前的走私普通货物罪、《刑法修正案（九）》实施前的贪污罪、受贿罪。现在刑法已删去相关法条中的具体数额规定，代之以数额较大、巨大或情节严重、特别严重等原则性表述。二是通过司法解释加以规定。如《最高人民法院、最高人民检察院关于办理盗窃刑事案件适用法律问题的解释》《最高人民法院、最高人民检察院关于办理诈骗刑事案件具体应用法律若干问题的解释》《最高人民法院、最高人民检察院关于办理走私刑事案件适用法律若干问题的解释》等等。三是通过最高人民检察院、公安部的司法文件加以规定，如《最高人民检察院关于行贿罪立案标准的规定》《最高人民检察院关于渎职侵权犯罪案件立案标准的规定》《最高人民检察院、公安部关于公安机关管辖的刑事案件立案追诉标准的规定》。司法解释具有法律效力，最高人民检察院、公安部的司法文件并非司法解释，但法院在审判案件中通常予以参照。

值得注意的是，无论是司法解释，还是最高人民检察院、公安部的司法文件，都有很多不合理的地方。前文提到的司法解释中关于买卖、走私气枪铅弹的规定、关于走私象牙的规定、关于虚开增值税专用发票的规定，都是这方面的典型例子，还有不少不合理的规定没有被注意到。例如，2000 年《最高人民法院关于审理伪造货币等案件具体应用法律若干问题的解释》第三条规定："出售、购买假币或者明知是假币而运输，总面额在 4000 元以上不满 5 万元的，属于'数额较大'；总面额在 5 万元以上不满 20 万元的，属于'数额巨大'；总面额在 20 万元以上的，属于'数额特别巨大'，依照刑法第一百七十一条第一款的规定定罪处罚。"按照这一规定，出售、购买、运输假币 20 万元以上，即应处十年有期徒刑以上刑罚；而目前盗窃罪处有期徒刑十年以上刑罚即"数额特别巨大"的标准为 30 万元至 50 万元以上。也就是说，出售、购买、运输假币 20 万元比盗窃 20 万元的财物处罚还重，这样的规定显然是不合理的。再如，2000 年《最高人民法院关于审理破坏土地资源刑事案件具体应用法律若干问题的解释》规定，非法转让、倒卖土地使用权，非法获利50万元以上，应以非法转让、倒卖土地使用权罪定罪处罚，该项规定并未要求倒卖土地面积需达到多少亩以上。而实际上，一些城镇或城镇近郊的土地价格非常昂贵，非法转让、倒卖几百平方米的宅基地或者几十平方米的城市住宅，就可以达到非法获利50万元的标准。如果这样，大量从事房地产非法交易投机获利者都可以以非法转让、倒卖土地使用权罪追究刑事责任。但从这类行为的实际危害看，对土地资源几乎没有造成什么破坏，将其入罪显然是不合理的。近年也确实出现了几起将此类行为以非法转让、倒卖土地使用权罪追究刑事责任的案例，需引起注意。

最高人民检察院、公安部的司法文件在执行过程中也出现了一些问题。社会反响较为强烈的是关于非法狩猎罪的立案追诉标准。根据该追诉标准，非法狩猎野生动物二十只以上的；在禁猎区内使用禁用的工具或者禁用的方法狩猎的；在禁猎期内使用禁用的工具或者禁用的方法狩猎的；有其他情节严重的情形，应当立案追诉。这里的问题在于，对于体型大、价值高的野生动物，如野猪、野羊等，狩猎二十只予以定罪，当然可以理解；对于体型稍小一些的野生动物，如山鸡、野兔等，以上述标准入罪，大家似乎也能接受；对于一些体型较小且价值较低的野生动物，如壁虎、青蛙、麻雀等，以上述标准入罪，则显得不近情理。对于在禁猎区内使用禁用的工具或禁用的方法狩猎、在禁猎期内使用禁用的工具或者禁用的方法狩猎的，没有捕获猎物或捕获猎物数量很少的，一律予以定罪，也不尽合理。近年来，全国各地出现了多起因为抓了数十只青蛙等小动物而被刑事追究的案例，社会公众对这样的判决并不认同。对于非法捕捞水产品罪立案追诉标准的适用，也存在同样的问题。

可见，如果在司法过程中只是机械套用现有的规则，而不考量其合理性，则难免会出现违背常理、常情、常识的判决，不能取得好的社会效果。

**四、预测可能性原则**

法律解释的预测可能性原则，是指对法律的解释应当符合具有正常理性的普通人的理解和认知，能够被国民所预测。如果对一个法律条文的解释会使普通人大吃一惊，感到十分意外，那么这种解释就超出了国民预测可能性。

预测可能性原则是正义原则的题中之意。法律是国家与国民所订立的“契约”，这种“契约”应当能够为国民所理解，国民应当能够根据“契约”清楚地知道什么可以做，什么不可以做，能够预测自己的行为将要带来的后果。国家也应当信守承诺，按“契约”办事。这样的“契约”才能最大限度地保障国民自由，才是合乎正义的“契约”。如果法律不具有预测可能性，那么，“让民众知法、守法”就会成为一句空话，就会出现“不教而诛”的现象。预测可能性原则与合理性原则也有密切的关联。对法律作具有预测可能性的解释意味着从常理、常情、常识和国民直觉的角度解释法律。如果对法律的某一种解释是合理的，符合国民直觉，那么这种解释也是具有预测可能性的。

在当前的刑事司法实践中，预测可能性原则并未引起足够的重视，一些司法解释、司法文件和司法人员对法律的解释未能考虑国民预测可能性。例如，实践中将枪口比动能大于等于1.8焦耳/平方厘米的仿真枪、玩具枪认定为刑法意义上的“枪支”，明显超出了国民预测可能性。枪口比动能1.8焦耳/平方厘米的枪只有在击中他人眼睛时能致残，不能击穿人体皮肤。许多人不知道这种仿真枪、玩具枪也属于刑法中的“枪支”，却被判重刑，由此而引发当事人喊冤和申诉信访是必然的。将气枪铅弹解释为“弹药”，也同样超出了国民预测可能性，在实践中产生了很多问题。有的司法人员还将烟花爆竹解释为刑法中的“爆炸物”，有的法院对无证经营烟花爆竹的行为以非法买卖爆炸物罪判刑，这样的解释也不具有预测可能性，显然是错误的。

对刑法作超出预测可能性的解释，会使人们在不知“法”、毫无犯意的情况下陷入犯罪。有人认为，不知法不能成为免除犯罪人责任的理由。但是，因法不具有预测可能性而不知“法”与法律有明确规定而不知法，两者是不同的。在法不具有预测可能性的情况下，即使人们认真学习了法律，也不可能知悉法律的相关内容，无法预测到其行为可能带来的后果，属于法律的不可知，无法认定“犯罪人”有主观犯意，故不能定罪。在法律规定明确的情况下，犯罪人不知法，是因为其没有认真学习法律，当然不能成为免责理由。在司法实务中有把两种“不知法”混为一谈的倾向。例如，在买卖气枪铅弹的司法解释发布后，有人主张，在司法解释实施的初期，因为许多人不知道司法解释将气枪铅弹规定为弹药，对此类案件的处理应当从宽把握；在司法解释实施一段时间后，相关规定逐渐被社会公众所了解，就应当严格执行司法解释的规定。这种观点是不正确的。司法解释是最高司法机关指导司法人员办案的规范，并非人们的行为规范，普通人的行为规范只能是法律，法律的内容需要补充或进一步明确，应当通过立法解释进行，司法解释不具有补充、修改法律或使法律明确化的功能。司法解释对法律作出超出预测可能性的解释，普通人没有遵守的义务，这样的司法解释无论公布了多长时间，都不应当被执行，更不能仅仅因为人们违反了司法解释的规定而对其进行处罚。

实践中之所以出现上述问题，我认为有以下几个方面的原因：一是有的司法人员抱着“宁左勿右”的态度，认为越“左”越安全，不会受到放纵犯罪的指责，有利于保护自己；二是部分司法官员缺乏人权保障意识，管控社会的观念过于强烈，总担心对社会上的不规范现象不加以严厉管束，会导致社会混乱，因而努力扩张司法权以加强对社会的控制；三是片面的政绩观作怪，有的司法官员希望法网张得越大越好，多查办案件，以此提升自己的政绩。如果这种观念和做法发展下去，将导致司法对社会的管控过于严密，侵犯国民的自由，使社会成为一潭死水，失去生机和活力，还会使人们对司法失去信任。事实上，适度放松对社会的管制，并不会导致天下大乱，采用更宽和的手段治理社会，保障公民的权利和自由，有利于提高政府和司法的公信力，激发民众的创新热情，促进社会经济的发展和繁荣。

如此看来，更新司法和社会管理理念，还有很长的路要走。

## 第三节 法律解释的目标

法律解释的目标在于探求立法原意。但是，这是个在理论上有争议的问题。

有不少学者反对探求立法原意。例如，张明楷教授认为："刑法解释的目标应是存在于刑法规范中的客观意思，而不是立法者制定刑法规范时的主观意思或立法原意。""立法原意并不十分明确。因为立法者不是一个人，而是一个集体。即使是一个人立法，探求立法原意也是一个自我认识的过程，自我认识也是一种解释，它不比其他的解释容易。""立法者在制定刑法时，常常以过去已经发生的案件作为模型来表述构成要件，而难以甚至不可能想象到刑法在适用过程中发生的形形色色的案件，面对立法时未曾发生过的案件，立法者不可能有原意。""刑法一经制定，就是一种客观存在，与立法原意产生了距离，需要根据用语的客观含义做出解释。""立法原意也可能存在缺陷，探求立法原意则不利于克服立法原意的缺陷；只有进行客观解释，才有利于刑法的完善。"①

---

① 张明楷：《刑法学》，法律出版社 2011 年版，第 34 页。

我认为，上述观点有失偏颇：第一，立法者固然不是一个人，把立法原意视为起草者或立法机构中某一个人的意思是片面的。但是，立法者作为一个集体，也具有共同意志，这种共同意志是可探求的。否则，我们就无法解释，为什么一个单位也可以有自己的意志，法律被认为是国家意志的体现。第二，对于立法时未曾发生过的案件，并非没有立法原意。尽管立法者在立法时不可能完全预见到将来的情形，但是，对于将来可能出现立法时未曾发生过的案件，这是立法者能够预见的。因此，立法者才会用一些弹性语言，使法律能够对某些未来发生的案件进行调整。如果未来发生的案件与某一法律规范所指的对象具有本质上的一致性，就应当适用该法律规范，否则，就不能适用该法律规范，这就是立法原意。第三，法律文本的含义不能脱离解释者而存在，脱离了解释者，语言文字就成了一堆毫无意义的东西。因此，任何解释都是主观的。所谓的客观意思、客观解释，就好像“圆的方形”一样，是自相矛盾的概念。在实际操作中，客观解释往往造成解释者不受立法原意约束，根据自己的需要解释法律，反而使解释变得更加主观随意。第四，不可否认，立法原意也会有缺陷。但是，唯有探求立法原意，正视其缺陷，才能找到克服法律缺陷的正确方法，推动立法的完善。

只要我们承认法律是立法者意志的体现，那么，法律所要表达的意思就只能是立法原意，而不是“客观意思”或别的什么意思；法律解释也理所当然以探求立法原意为目标。当然，有时候立法原意并非那么明晰。但是，法官不能因此而放弃对立法原意的探求。正如丹宁勋爵所说：“必须记住，无论一项法律什么时候被提出来考虑，人们都没有能力预见到在实际生活中可能出现的多种多样的情况。即使人们有这种预见能力，也不可能用没有任何歧义的措辞把这些情况都包括进去。”“一个认为自己要受‘只应该注意法律的语言，而不要管别的东西’这种假想的规则约束的法官，往往抱怨起草人没有为这种或那种情况作出相应的规定；或者认为起草人写了某些可以作多种解释的话是有罪的。如果国会的法律是用神明的预见和理想的清晰语言草拟的，它当然会省去法官们的麻烦。但是在没有这样的法律时，如果现有的法律暴露了缺点，法官们不能叉起手来责备起草人，他必须开始完成找出国会意图的建设性任务。他不仅必须从成文法的语言方面去做这项工作，而且要从考虑产生它的社会条件和通过它要去除的危害方面去做这项工作。然后，他必须对法律的文字进行补充，以便给立法机构的意图以‘力量和生命’。”①

① ［英］丹宁勋爵著：《法律的训诫》，杨百揆、刘庸安、丁健译，法律出版社 1999 年版，第 13 页。

法官可以通过多种途径探求立法原意：

一、从法律所使用的语言文字中发现立法原意。在多数情况下，立法者已经将其意图通过法律中的语言文字明确地表达出来，法官只要忠实地解释法律中的语言文字，就能发现立法原意。

二、从立法目的和背景探求立法原意。任何法律规定必定有它的目的，法官只要弄清楚某项法律规定是要解决什么问题，“看看它所要消除的罪恶是什么”①，就能发现立法原意。为准确把握立法目的，法官可以查阅所涉法律制定时的背景资料，看看这项立法是在什么情况下提出的，在制定过程中有过哪些争议，在法律中为什么使用这个措辞而非那个措辞，从而对立法意图进行较全面的了解。

三、从立法者的角度把握立法原意。立法原意不应被狭隘地理解为立法者在制定法律时的意思。法律要体现公平正义、增进社会福利，要适应社会的发展变化、不断完善进步，这也是立法原意。因此，当遇到立法者在制定法律时未能预见到的情况时；当法律出现自相矛盾、词不达意等缺陷时，法官应当像一个无偏私的立法者那样，弥补法律的漏洞和缺

① ［英］丹宁勋爵著：《法律的训诫》，杨百揆、刘庸安、丁健译，法律出版社1999年版，第11页。

陷，以真正实现立法者的意志。用丹宁勋爵的话说："法官应该向自己提出这么个问题：如果立法者自己偶然遇到法律织物上的这种皱折，他们会怎么把它弄平呢？很简单，法官必须像立法者们那样去做。""不管对法律进行严格的解释在什么时候造成了荒谬和不公正的情况，法官们可以、也应该以他们的善意去弥补它，如果需要，就在法律的文句中加进公正的解释，去做国会本来会做的事，想到他们本来要想到的情况。"①

四、用普通人的理性领会立法原意。丹宁勋爵指出："现在成文法的适用范围还没有包括这些人——仿佛和周围发生的一切完全脱离了关系的行为古怪的人。成文法适用于通晓事理的正常人，他们对词句的意思有着自己的看法，并懂得为什么要通过法律，就好像某项法律的通过完全在预料之中一样。"② 多数法律是为普通人制定的，立法者通常会把习惯、道德、情理等融入法律当中，通过语言文字表达出来，法官只要像具有正常理性的普通人那样理解法律，避免对法律作违背常理的解释，就能真正贯彻立法原意。

---

① ［英］丹宁勋爵著：《法律的训诫》，杨百揆、刘庸安、丁健译，法律出版社 1999 年版，第 13 页、第 18 页。

② ［英］丹宁勋爵著：《法律的训诫》，杨百揆、刘庸安、丁健译，法律出版社 1999 年版，第 10 至 11 页。

# Chapter 3

# 文理解释：

“就法条分析法条”

文理解释通常是对法律进行解释时首先使用的方法，是通过分析法律条文所运用的语言文字来解释法律的内容和含义。有人把文理解释称为语法解释，也有人把文理解释理解为字面解释，还有人认为文理解释就是平义解释。但我以为，文理解释并非只是通过语法和概念分析来解释法律，也要结合社会观念、道德、情理等确定法律的含义；文理解释也并非只是分析法律的字面含义，也要考虑法律的原则、目的；文理解释也不意味着只按最常用含义或核心含义来解释法律，也可能采用边缘含义或作扩大解释、限制解释。事实上，法律解释的各种方法是相互渗透、相互交织的，很难把文理解释与其他解释方法作截然区分。严格地说，文理解释甚至很难称为一种解释方法，它是对单个法条所使用的语言文字进行斟酌、推敲的一种思维活动，即“就法条分析法条”。它只是要解决这样一个问题：对某一法条所使用的语言文字作怎样的解释，才显得更通顺、更合理、更切合实际？

那么，我们在办案中面对一个法条的时候，如何确定该法条的含义呢？如何确定该法条是否适用于手头的案件呢？

## 第一节　字斟句酌

首先，需要原原本本地阅读法条原文，字斟句酌地分析法条中每个用语的意思。虽然法条中的大多数用语含义可能不太明确和固定，不同的人会有不同的理解，但我以为，解释法条最重要的一点，就是要像一个具有正常理性的普通人那样理解法条。这是由法律应有的预测可能性所决定的。法律是写给普通人看，需要人们遵守执行的，当然要能让普通人所理解，让人们清楚明白地了解法律的内容，事先知道法律允许做什么，不允许做什么，不至于因为无法理解法律的规定而违反法律，承担不利的后果。

法官在解释法律的时候，要避免法律思维与普通人思维的脱节。有的问题，法官基于自己的专业背景，可能作这样的理解，但作为普通人的当事人未必持同样的看法。这时候，法官不应把自己的主观判断强加给当事人，以个人想象的逻辑代替生活的逻辑。用这样的思维作出的判决，就会与社会现实脱节，不能为普通人所接受。关于这一问题，贺卫方教授与陈忠林教授曾经发生过一次争论。贺卫方主张司法要走专业化、精英化道路，陈忠林主张法律要与情理相结合，司法要符合常识、常理、常情。应该说，两种观点都有一定的道理，但我更赞同陈忠林教授的观点。司法的过程当然需要专业思维，但是司法的结论不能违背情理，运用专业思维的目的就是要得出符合常识、常理、常情的结论。

下面我就如何确定刑法用语的含义谈几点粗浅的看法：

一、刑法中大量使用日常用语，这些用语不需要作出严格的定义，一般人也能理解其含义，通常不会产生争议，如：生产、销售、收购、运输、出租、出借、武器、弹药、文物、黄金、白银、动物、植物、图片、录像带、书刊、编造、毁坏、破坏、公共场所，等等。这些用语的释义可以从国民直觉中获得，也可以通过查阅词典获得。例如，对于“弹药”一词，人们根据经验和直觉，会想到枪弹、炮弹、手榴弹等；通过查阅词典，将发现词典对弹药的定义是：“含有火药、炸药或其他装填物，爆炸后能对目标起毁伤作用或完成其他战术任务的军械物品。”对于这类日常用语，一般应当作平义解释，即按照该用语最平白的字义进行解释。如果不作平义解释，会使一般人感到难以理解，从而产生混乱。例如，“运输”一词，按照一般人的理解，是指使用交通工具将物资从一个地方运至另一个地方。如果只是在同一地域内使物资发生较短距离的位置改变，一般人恐怕不会认为这是“运输”。我曾办理过这样一起案件：某甲从外地购得20克海洛因，带回其居住的A城市，藏放于B小区的老乡住处，并电话告知了住在同一城市C小区的女友某乙，某乙到B小区将该20克海洛因带回C小区住处，供某甲贩卖。后法院以运输毒品罪判处某乙有期徒刑七年。我认为，某乙将海洛因从B小区带至同一城市的C小区，这种行为按照一般观念不应认定为运输，以运输毒品罪定罪是不正确的。在司法实践中，经常出现司法人员对日常用语作出人意料的解释的情况。例如，有人认为网络空间也属于“公共场所”，还有人认为误信传言而发布失实信息也属于“编造谣言”。这样解释法律会造成对国民自由的侵犯。

二、刑法中的一些日常用语因具有重要法律意义，在法学理论上对其作了定义，如：盗窃、抢劫、诈骗、走私、入户，等等。对于这类用语，应从其日常含义来把握理论上的定义。如果理论上的定义严重偏离日常含义，则会引起误解。例如，如果把“将他人错误交付的财物占为己有，拒不归还”也称为“盗窃”，一般人肯定无法理解，因此不能作这样的解释。在这里，比较值得讨论的是“走私”一词的含义。我国刑法没有对“走私”一词作出界定。《现代汉语词典》对于“走私”一词的解释是：“违反海关法规，逃避海关检查，非法运输货物进出国境”；百度百科对“走私”一词的释义是：“秘密地违法地进口或出口”。一般人显然也是从这个意义上理解“走私”一词。但是，2002 年《最高人民法院、最高人民检察院、海关总署关于办理走私刑事案件适用法律若干问题的意见》认为，在货物进出口过程中伪报价格逃税属于走私。2014 年《最高人民法院 最高人民检察院关于办理走私刑事案件适用法律若干问题的解释》认为，租用、借用或者使用购买的他人许可证，进出口国家限制进出口的货物、物品的，也构成走私。实践中还有这样的案例：某远洋渔业公司有两艘渔船捕捞证过期，在公海捕捞水产品后，用该公司具有捕捞证的渔船向海关申报运输进境，享受了国家规定的远洋渔业自捕水产品入境不征税政策，法院认定该远洋渔业公司逃税 80 余万元，以走私普通货物罪定罪处罚。我认为，前述三种行为都是在货物向海关申报入境过程中违反了海关监管规定，但是并没有欺骗海关私自将货物运输入境，将其定性为走私，不符合普通人对“走私”一词的理解，因而是错误的。当然，完整地把握理论上的定义也是重要的，因为理论上的定义往往更全面、更准确、更严谨。

三、刑法中还有一些用语在日常生活中很少使用或含义不确定，刑法或其他法律对其含义作了规定。如：故意、过失、自首、立功、公共财产、国家工作人员、假药、劣药、枪支、毒品、淫秽物品、内幕信息、商业秘密、贪污罪、受贿罪，等等。对于这类用语，应按照法律规定来解释其含义。例如，对于“正当防卫”，应按照《刑法》第二十条的规定解释其含义。对于“枪支”，应适用《枪支管理法》对枪支的定义。根据《刑法》第一百四十一条第二款规定，对该条的“假药”应按照《药品管理法》的规定解释其含义。由于这些用语的含义法律已经作了规定，按法律的规定解释其含义，普通人也能理解。但在实践中，也有对法律已明确其含义的用语不按法律规定解释的现象。例如，《刑法》第一百五十一条第三款规定了走私国家禁止进出口的货物、物品罪。界定国家禁止进出口货物、物品的依据是《海关法》第四十条：“国家对进出境货物、物品有禁止性或者限制性规定的，海关依据法律、行政法规、国务院的规定或者国务院有关部门依据法律、行政法规的授权作出的规定实施监管。”该条对“禁止进出口”与“限制进出口”作了区分。《最高人民法院、最高人民检察院关于办理走私刑事案件适用法律若干问题的解释》却规定：对未经许可进出口国家限制进出口的货物、物品的行为以走私国家禁止进出口的货物、物品罪定罪处罚。该规定把“国家限制进出口的货物、物品”与“国家禁止进出口的货物、物品”混为一谈，与《海关法》的规定不符，也不能被普通人所理解。

四、刑法中有些专门法律用语或其他专业术语，法律没有对其含义作出规定，但在相关专业领域内有较为公认的定义，属于业内“常识”。如：单位犯罪、恐怖活动组织、国家规定、敲诈勒索、精神病、航空器、电信设施、食品原料、医疗器械、医用卫生材料、证券、股票、金融机构、土地使用权、财物，等等。对于专业问题，普通人一般倾向于相信大多数专业人士的意见。因此，对于这类专业用语应当采用业内公认的定义。例如，对于敲诈勒索罪，学理上的定义为：以非法占有为目的，以威胁或者要挟的方法，强索公私财物的行为。威胁和要挟，是指能够引起他人心理上恐惧的精神强制方法。实践中有的司法机关把发生民事纠纷后高价索赔的行为认定为敲诈勒索罪。高价索赔行为显然不足以引起他人心理上的恐惧，也不能认定为具有非法占有目的。这样解释敲诈勒索罪不符合学理上公认的定义，因而是错误的。

这样，我们就有了获得法律用语释义的四种途径：一是从国民直觉中获得，二是从词典中获得，三是从法律规定中获得，四是从专业的学理解释中获得。由于日常用语、解释性的法律规定、专业用语经常交织在一起，如解释性的法律规定中包含日常用语、专业用语，在学理解释中包含日常用语，这四种释义方法常常可以并用，以起到相互补充、相互验证的效果。

法律中还有一些较为复杂的用语，光从字面上很难准确界定其含义，在法律上、学理上也没有统一的定义，如：以非法占有为目的、以营利为目的、以牟利为目的、为谋取不正当利益、利用职务上的便利、给国家和人民利益造成特别重大损失、罪行极其严重、滥用职权、玩忽职守、枉法裁判，等等。对于这一类用语，需要根据语法、逻辑、经验、事理等综合确定其含义。这种综合释义的方法显然已不是单纯的文理解释。

## 第二节 “熨平皱折”

仅仅靠字斟句酌的语义分析，未必能够确定法条的真正含义，还要结合具体的语境、立法目的等对法条作整体分析。

一、立法者在起草法律时，为了文字上的简洁，常常会省略一些在情理上显而易见、不至于产生歧义的内容。在解释法律时，要读出法条中的未尽之意。例如，刑法中关于盗窃罪、诈骗罪、抢夺罪的规定都没有明确表述“以非法占有为目的”，但是，盗窃、诈骗、抢夺本身含有“以非法占有为目的”的意思，不明确表述也不至于产生歧义，因而法条中采用了简略的表述。我们显然不能认为，“以非法占有为目的”不是盗窃罪、诈骗罪、抢夺罪的构成要件。再如，《刑法》第二百三十四条第一款规定：“故意伤害他人身体的，处三年以下有期徒刑、拘役或者管制。”这一规定显然不能认为，哪怕是故意造成他人极其轻微的伤害，如表皮损伤等，也要追究刑事责任。立法者的意图在于惩治危害严重的故意伤害行为，故应将该条解释为故意伤害他人身体达到一定程度（实践中掌握为轻伤）以上，才追究刑事责任。

二、法条中的有些表述属于语言中的习惯用法，若生硬地将每个词语拆开解释，则显得文理不通，要根据法条本意作出恰当的解释。例如，《刑法修正案（八)》修正前的《刑法》第二百六十四条规定：盗窃金融机构，数额特别巨大的，处无期徒刑或死刑。若纯粹从字面上看，“盗窃金融机构”是以金融机构为对象的盗窃，而金融机构显然是不可能被盗的，故不能作这样的解释。最高人民法院《关于审理盗窃案件具体应用法律若干问题的解释》把“盗窃金融机构”

解释为“盗窃金融机构的经营资金、有价证券和客户的资金等”，这正是对法条原意的一种解读。但我以为，对“盗窃金融机构”更恰当的解释是：“非法进入金融机构经营场所盗窃金融机构的经营资金、有价证券和客户的资金等”。立法者在起草“盗窃金融机构”的法条时，显然是针对潜入银行金库盗取巨额资金等行为。如果作这样的解释，在许霆案中就不必纠缠于“ATM 机是否属于金融机构”等问题，而直接将许霆的行为排除在“盗窃金融机构”之外。

三、法条中有些用语若孤立地看，无法确定其含义。只有将其置于法条整体及立法背景之下，才能作出恰当的解释。例如，《刑法》第一百二十五条规定：“非法制造、买卖、运输、邮寄、储存枪支、弹药、爆炸物的，处三年以上十年以下有期徒刑……”如果不考虑整个法条，我们根本无法确定“枪支、弹药、爆炸物”的范围。仿真枪是否属于枪支，气枪铅弹是否属于弹药，烟花爆竹是否属于爆炸物？都会有疑问。但结合相关的立法背景，就可以发现这里的枪支、弹药、爆炸物是指足以致人伤亡，会对公共安全构成严重威胁的枪支、弹药、爆炸物，否则，立法者不可能对此罪的法定最低刑设置为有期徒刑三年。这种解释方法又称为“以刑制罪”，即根据刑罚裁量结果来解释罪名。

四、法律所调整的社会现象具有复杂性，有时候很难用精确的语言对法律调整的对象作出描述。于是，法条的文字表述就会出现“词不达意”的现象。这时，不能囿于法条的字面意思，而应当“熨平法律皱折”，作符合法条本意的解释。例如，《刑法》第一百四十四条将生产有毒、有害食品的行为表述为“在生产、销售的食品中掺入有毒、有害的非食品原料”。从字面上看，掺入是指把一种物质混入另一种物质。但实际上，生产有毒、有害食品的方法多种多样，使用瘦肉精养猪、生产地沟油供人食用，都属于生产有毒、有害食品行为。因此，应当把“在生产、销售的食品中掺入有毒、有害的非食品原料”解释为生产有毒、有害食品的一切方法。这样解释符合立法原意，也能为普通人所理解，因此并不违反罪刑法定原则。

要使对法条的解释符合立法原意，不能对法条中所有的用语一律作平义解释。当法律用语的字面意思比立法原意宽时，应当作限制解释。例如，在故意杀人罪中，“杀人”的字面意思包括一切剥夺他人生命的行为，根据立法原意，应限制解释为“非法剥夺他人生命”。当法律用语的字面意思比立法原意窄时，应当作扩大解释。例如，对于刑法第三百四十一条第一款规定的非法收购、运输、出售珍贵、濒危野生动物及其制品的行为，最高人民法院《关于审理破坏野生动物资源刑事案件具体应用法律若干问题的解释》将“出售”解释为包括出卖和以营利为目的的加工利用行为，就是一种扩大解释。① 无论是作限制解释还是扩大解释，都应该可以根据立法原意自然而然地推出符合普通人对法条的理解。因此，这种限制或扩大，仅仅是相对于某个用语的字面意思而言。对于整个法条而言，这种解释仍是一种最平白的解释。

## 第三节　严格解释

对法律中的某些用语不拘泥于其字面含义，作适当的灵活解释，并不意味着法律不需要严格解释。严格解释和适用法律是法官的职责，也是司法的基本要求。如果对法律可以作任意的解释，法律将不成其为法律，司法公正也将成为奢谈。法官应当“熨平法律的皱折”，但不能改变“法律织物的编织材料”。法官需要明确法律解释的限度在哪里，找出哪些是“法律织物的编织材料”。

---

① 张明楷：《刑法分则的解释原理》，中国人民大学出版社 2003 年版，第 17 页。

传统的观点认为严格解释就是严格按法律的字面含义进行解释。丹宁勋爵已经对这种观点作了批判："这是'严格的解释者'的论调，这是那些逐字逐句地解释法律的人的声音，这是那些对法律词句采取严格的字面和语法的解释者的意见，这是不负责任的说法。在明显的不公正的面前，法官们是无能为力的、没有资格和不该有所建树的，这对本法院不适用。这种从字面上解释法律的方法现在完全过时了。"① 我们所需要的"严格解释"显然不是指严格按字面含义解释。事实上，脱离了立法目的，有些法律用语的字面含义也根本无法确定。

在刑法解释中，比较有代表性的一种观点认为，对法律用语的解释不能超出用语可能具有的含义。但是，什么是法律用语"可能具有的含义"，仍然模糊不清。有的释义虽然没有超出法律用语可能具有的含义，但根据该用语使用的语境，采用该释义明显不适当。例如，将烟花爆竹称为"爆炸物"并没有超出"爆炸物"一词可能具有的含义，但是，非法买卖、运输、储存爆炸物罪中的"爆炸物"显然不包括烟花爆竹。有的释义看起来似乎超出了法律用语可能具有的含义，但在特定的语境下，对相关用语采用该释义却又顺理成

---

① ［英］丹宁勋爵著：《法律的训诫》，杨百揆、刘庸安、丁健译，法律出版社，1999 年版，第 18 页。

章。例如，将使用瘦肉精饲养生猪解释为“在食品中掺入有毒、有害的非食品原料”，似乎超出了刑法用语的可能含义，但是，这种行为的实际结果就是导致猪肉中含有有毒物质，与在猪肉中直接掺入有毒物质并无二致，故完全可以作这样的解释。再如，对于以收养为目的偷盗婴儿的行为，从字面上看，偷盗似乎不属于拐骗，但是，将该行为解释为拐骗儿童，几乎没有人觉得不合情理。可见，“可能含义”只能为解释划定一个大致的范围，并不能明确解释的边界。

张明楷教授提出，刑法解释除了不能超出“可能含义”外，还取决于处罚的必要性。“应否做出扩大解释，还必须考虑处罚的必要性；对一个行为而言，其处罚的必要性越大，将其解释为犯罪的可能性越大，但如果行为离刑法用语核心含义的距离越远，则解释为犯罪的可能性越小。换言之，‘解释的实质的容许范围，与实质的正当性（处罚的必要性）成正比，与法文通常语义的距离成反比。’”① 但是，处罚的必要性大小同样缺乏客观的衡量标准。而且，实践中存在立法者无意处罚而司法者认为有处罚必要性的情况，也存在客观上需要处罚而立法者尚未考虑到的情况。如果将处罚必要

---

① 张明楷：《刑法学》，法律出版社2011年7月第4版，第45至46页。

性作为刑法解释的根据，难免会与刑法的通常语义和立法原意产生冲突。

张教授曾举了这样一个例子："例如，构成要件的内容是故意'毁坏'公私财物，当解释者面临的案件是，甲将他人的电视机从楼上摔至楼下，导致电视机不仅物理上损毁，而且丧失其本来用途，他可能将'毁坏'解释为：'通过对财物的全部或者一部分进行物质性破坏、毁损，以致全部或者部分不能遵从该财物的本来用途进行使用'。进而得出甲的行为符合毁坏要件的结论。但是，当解释者面临的案情是，乙故意将他人价值1万元的戒指扔入大海中时，上述'毁坏'的定义会导致乙的行为无罪。当解释者认为他人戒指值得刑法保护，乙的行为值得科处刑罚时，必然重新解释'毁坏'。解释者可能将'毁坏'解释为：'对财物行使有形力，毁损财物或者损害财物的价值、效用的行为'，并且将乙的行为抽象为：对他人财物（戒指）行使有形力，导致他人丧失财物，从而使乙的行为符合毁坏要件。可是，当解释者面临的案件是，丙故意将他人的鸟笼打开，使他人价值1万元的鸟飞走时，上述两种"毁坏'定义都将导致丙的行为无罪。当解释者认为他人的鸟值得刑法保护，丙的行为值得科处刑罚时，必然再次重新解释'毁坏'。解释者可能将'毁坏’解释为：‘导致财物的效用减少或者丧失的一切行为’，并且将丙的行为抽象为：使他人丧失了财物的效用，从而使丙的行为符合毁坏要件。解释者之所以反复定义‘毁坏’，是因为面临着不同的生活事实，之所以并不简单地以第一个定义否认乙、丙行为的可罚性，是因为解释者认识到他人的戒指与鸟值得刑法保护。”①

我认为，我国刑法规定故意毁坏财物罪，立法者就是要惩治通过对财物施加打、砸、撕、烧等外力，故意非法地毁灭或者损坏公私财物的行为，即上述例子中的第一种情形，普通人也是从这个意义上理解“毁坏”一词的含义，不应作过度的解读。上述例子对“毁坏”的第二种、第三种解释已经完全突破了立法原意和普通人对“毁坏”一词的理解，不具有预测可能性，违反罪刑法定原则。根据处罚必要性来界定刑法用语的含义，极易导致司法者突破立法原意和通常语义，以具有处罚必要性为由将一些不符合法定构成要件的行为入罪，司法者对法条的解释将随着办案需要的变化而变化，司法将变成司法者的个人恣意，法律用语的边界将变得模糊不清，法律的确定性将不复存在。

---

① 张明楷：《刑法分则的解释原理》，中国人民大学出版社 2004 年版，《序说》第 8 页。

在司法实践中，这种根据办案需要解释法律的倾向有一定的市场。司法人员觉得某些行为危害甚大，需要定罪，而又找不到确切对应的法条时，就对某些法条作无限扩大解释，将需要惩处的行为生硬地装入法律的“框”中。将消费者索要天价赔偿的维权行为解释为“敲诈勒索”，将缠访、闹访向国家索要赔偿解释为“起哄闹事”、“强拿硬要”的寻衅滋事行为，将在网络上传播谣言解释为“在公共场所起哄闹事”，都是这种思维的产物。这种思维是与法治的精神相违背的，应当予以摒弃。

通过上文的分析，我们大体可以发现：法律解释既不局限于严格的字面解释，也不是以法律用语的“可能含义”为边界，更不能以处罚的必要性或办案需要为解释依据，而应当以遵循立法原意为解释的限度。《立法法》第一百零四条规定：“最高人民法院、最高人民检察院作出的属于审判、检察工作中具体应用法律的解释，应当主要针对具体的法律条文，并符合立法的目的、原则和原意。”“符合立法的目的、原则和原意”实际上是所有法律解释的边界。违背立法原意的解释是非法的、无效的。

严格遵循立法原意，意味着法官应当像一个无偏私的立法者那样解释法律，时时思考“假如我是立法者，我会怎么做”这一问题，在司法中忠实地贯彻立法者的意志。严格遵循立法原意，意味着法官应当以具有正常理性的普通人的立场解释法律，站在普通人的视角考虑“法律要求我们做什么”这一问题，避免对法律作出违背情理、难以预测的解释。严格遵循立法原意，还意味着法官只能根据具体的语境对法律中的个别词句作灵活解释，但不能改变法律的整体意思，不能改变法律规范的基本构成要件。法律规范的基本构成要件就是“法律织物的编织材料”，改变了法律规范的基本构成要件，就是改变了司法三段论推理的大前提，将导致错误的裁判结论。在刑法解释中，严格遵循立法原意就是最好地坚持了罪刑法定原则。

在法律解释中严格遵循立法原意并非一件轻而易举的事情。追求自由是人的天性，解释者很难遏制摆脱立法原意束缚的冲动，而立法原意也常常显得难以捉摸。解释者稍不留神，就有可能越出解释的边界。例如，当解释者将枪口比动能大于等于1.8焦耳/平方厘米的玩具枪解释为“枪支”，将气枪铅弹解释为“弹药”的时候，恐怕就没有考虑过“立法者所要严厉管制的枪支、弹药是什么”、“普通人眼中的枪支、弹药是什么”这一类的问题，而用个人的主观判断代替了立法原意。

在这里，我还想举两个例子加以说明：

第一个例子是利用他人许可证进口限制进口的可用作原料的废物案件。根据有关法律法规，我国对可用作原料的固体废物进口实行限制，有废物进口和加工利用许可证的企业可以在有关部门核定的额度内进口。有的经营者不具有废物进口和加工利用资质，于是向有相应资质的企业租用、借用许可证或支付一定的许可证使用费，以有许可证企业的名义进口废物经营牟利。这种行为在我国沿海省份大量存在，多数海关、废物经营者和出租、出借许可证的企业都认为这种废物进口方式是合法进口。但是，有的司法人员认为，这种行为构成走私废物罪。

根据刑法规定，走私废物罪是指逃避海关监管将境外固体废物、液态废物和气态废物运输进境，情节严重的行为。从一般人的直觉上看，利用他人许可证进口废物，废物进口时向海关作了申报，并接受了海关的监督、查验，不符合走私废物罪的构成要件。那么，认为该行为构成走私废物罪的人是怎样进行论证的呢？他们的理由是：利用他人许可证进口废物实际上是不具有许可证的经营者冒用有许可证的企业名义进口废物，废物的进口方在向海关申报时，隐瞒了废物的实际进口者，欺骗了海关，逃避了海关监管，故符合“逃避海关监管将固体废物运输入境”的构成要件，情节严重的，应以走私废物罪定罪处罚。

这样的分析论证看起来很严密。但是，解释者先将“利用他人许可证”解释为“冒用许可证”，又将“冒用许可证”解释为“欺骗海关”，再将“欺骗海关”解释为“逃避海关监管”，概念进行了多次偷换。实际上，这几个概念的含义是不同的。首先，“利用他人许可证”不同于“冒用许可证”，“利用他人许可证”是在被利用方同意的情况下使用他人许可证，而“冒用许可证”是未征得他人同意而以他人的名义使用许可证。其次，“冒用许可证”固然是“欺骗海关”，但“利用他人许可证”与“欺骗海关”并不是一回事。在利用他人许可证进口废物的情况下，废物进口的申报材料都由持有许可证的企业提供，实际上是持有许可证的企业在办理进口手续，至于申报方是为自己进口还是代他人进口，海关并不过问，即使是申报方向海关声明是代他人进口，海关也应准许废物入境，故并不存在对海关的欺骗。最后，“欺骗海关”也不等于“逃避海关监管”。“欺骗海关”是否属于“逃避海关监管”要具体分析。如果欺骗的并非海关监管的事项，如申报者将代他人进口废物说成自己进口废物，则不属于违反海关法规的行为；如果欺骗的是货物进口情况以外的海关监管事项，如货物原产地、运输工具等，则属于违反海关监管规定的行为；如果欺骗海关，隐瞒货物进出境的事实，则属于逃避海关监管，构成走私。解释者正是混淆了这些概念，才得出了利用他人许可证进口废物构成走私的结论。

上述分析论证的错误之处在于：在含义相近的用语之间划上等号，不断地用近似的用语替换法律用语，使得法律用语的含义在解释过程中逐步偏离，从而更改了法律规范的基本构成要件。这样的分析论证就好比：因为 1 = 1.1 = 1.2 …… = 1.9 = 2，所以 1 = 2，其荒谬之处显而易见。这种解释方法在司法实践中时常可见，有的司法人员甚至为自己这种“超常”的分析能力而洋洋得意，但这显然不是严格遵循立法原意的解释，得出的结论也是反常识的。

第二个例子是“虚开”增值税专用发票案件。虚开增值税专用发票用于抵扣税款或骗取出口退税是一种较为常见的犯罪。但近年来，出现了一种新型的利用增值税专用发票非法抵扣税款或骗取出口退税的案件。市场上有的经营主体是小规模纳税人，购进货物不需要进项增值税专票发票作为抵扣税款凭证，而有的一般纳税人企业为了非法抵扣税款或骗取出口退税，希望在不购进货物的情况下获得进项增值税专用发票。于是，这些需要发票的企业与需要货物的经营者协商，由需要货物的经营者以需要发票的企业名义向他人购买货物，货款先由实际购货方支付给需要发票的企业，再由需要发票的企业支付给售货方，实际购货方以需要发票的企业名义从售货方提取货物，需要发票的企业取得售货方开具的增值税专用发票，用于抵扣税款或骗取出口退税，获得发票的企业支付给实际购货方一定的报酬。有人把这种行为称为“票货分离”。①

对于这类行为如何定性，实践中有争议。有人认为，这种行为实际上是不需要发票的经营者将其取得的增值税专用发票卖给需要发票的企业，应当以非法出售增值税专用发票罪、非法购买增值税专用发票罪定性。但是，非法出售增值税专用发票罪、非法购买增值税专用发票罪的犯罪对象是未填开的空白增值税专用发票，故这样定性显然不妥。有的司法机关将这种行为定性为虚开增值税专用发票罪，理由是：

① 对于什么是“票货分离”，并没有严格的定义。它有时候指开票企业把货物卖给一家企业，而把增值税专用发票开给另一家企业，对于这类行为构成虚开增值税专用发票，实践中并无争议。这里的“票货分离”特指在开票方不知情的情况下，需要货物的一方以需要发票的一方名义购货，需要货物的一方取得货物，需要发票的一方取得增值税专用发票。

这类案件的货物交易发生在实际购货方与售货方之间，需要发票的企业与售货方并无真实交易，而与实际购货方合谋，欺骗售货方虚开增值税专用发票，属于刑法第二百零五条规定的“让他人为自己虚开”，构成虚开增值税专用发票罪。

我认为，将上述行为解释为“虚开”是不正确的。刑法第二百零五条第三款规定：“虚开增值税专用发票或者虚开用于骗取出口退税、抵扣税款的其他发票，是指有为他人虚开、为自己虚开、让他人为自己虚开、介绍他人虚开行为之一的。”这四种行为中的“虚开”一词显然是同一意思，都是指开票方明知没有真实交易而为他人开具发票的行为。“为他人虚开”是指“明知没有真实交易而为他人开具发票”，“为自己虚开”是指“明知没有真实交易而为自己开具发票”，“让他人为自己虚开”是指“让他人明知没有真实交易而为自己开具发票”，“介绍他人虚开”是指“介绍他人明知没有真实交易而开具发票”。而前述案例中，受票方是“明知没有真实交易而让他人为自己开具发票”，与“让他人明知没有真实交易而为自己开具发票”（即“让他人为自己虚开”）的行为相比，两者的表述似乎只是词序略有差别，但含义大不相同。前者的开票方系主观上认为有真实交易而开具发票，并非虚开；后者是开票方明知没有真实交易而开具发票，构成虚开。可见，将“票货分离”的开具增值税专用发票行为解释为“让他人为自己虚开”，是更改了法律规范的基本构成要件，不是严格遵循立法原意的解释。

从刑法规定虚开增值税专用发票罪的立法目的看，打击的核心行为是开票方的虚开行为，之所以要惩处“让他人为自己虚开”、“介绍他人虚开”的行为，是因为这两种行为让开票方产生了虚开的犯意，这两种行为是依附于开票方的虚开行为而构成犯罪。因此，开票方的行为不构成虚开，“让他人为自己虚开”、“介绍他人虚开”的行为也不成能立。从这个角度看，将“票货分离”的开具增值税专用发票行为定性为虚开增值税专用发票罪也不符合立法原意。

将“票货分离”的开具发票行为解释为“虚开”，也不符合普通人对“虚开”一词的理解。在办理这类案件的过程中，大多数被告人对认定其行为构成虚开增值税专用发票罪有异议。取得货物的一方认为，其行为不过是将其购买货物取得的增值税专用发票卖给他人而已；取得发票的一方认为，其是向他人购买了有真实交易的增值税专用发票。很多司法人员在办理此类案件之初也不知道对这种行为应如何定性。大多数辩护人也会对虚开增值税专用发票罪的定性提出异议。显然，普通人无法从现行刑法条文中读出“票货分离”的开具发票行为构成“虚开”的意思。这种背离普通人观念的解释不具有预测可能性，不可能是对法律的正确解读。

有的司法机关之所以对“票货分离”开具增值税专用发票的行为以虚开增值税专用发票罪定罪，是因为这种行为导致获得发票企业的税款被非法抵扣或骗取出口退税，有一定的社会危害性，如果不定虚开增值税发票罪，则似乎没有合适的罪名可定，而这种行为和虚开增值税专用发票罪最为近似，只能勉强以虚开增值税专用发票罪定罪。这种思维是典型的类推思维，并非严格解释。在刑法解释中，不利于被告人的类推是应当被禁止的。事实上，采用“票货分离”的方式获得增值税专用发票用于非法抵扣或骗取出口退税，完全可以以逃税罪或骗取出口退税罪定罪处罚，并没有必要将其牵强地定为虚开增值税专用发票罪。即使一个有危害的行为确实没有合适的罪名可定，也只能坚持罪刑法定原则，作无罪处理。

综上，对法条文义的解释，应当立足于法律文本整体，基于无偏私的立法者和具有正常理性的普通人立场，作符合立法原意和情理的解释。

需注意的是，即使对法条文义作符合立法原意的解释，法律仍然会有缺陷。例如，刑法第一百四十一条第二款规定：

“本条所称假药，是指依照《中华人民共和国药品管理法》的规定属于假药和按假药处理的药品、非药品。”而《药品管理法》第四十八条规定：依照本法必须批准而未经批准生产、进口，或者依照本法必须检验而未经检验即销售的药品，按假药论处。故从文义上看，销售未经批准而进口的药品符合销售假药罪的构成要件。但是，有些未经批准而进口的药品实为优质药品，销售此类药品不会对公众健康造成危害，以销售假药罪定罪显然不当。这就属于法律本身有缺陷。对于这类问题，无法通过概念分析加以解决，而应当引入法律原则和价值分析，排除有缺陷的法律规范的适用。

Chapter 4

# 体系解释：

相同案件相同处理，不同案件不同处理

体系解释，是指根据法律条文在整个法律体系中的地位，联系相关法条的含义，阐明其规范意旨的解释方法。体系解释是一种重要的解释方法，它以哲学诠释学为理论基础。诠释学认为："我们必须从个别来理解整体，而又必须以整体来理解个别。""由于被整体所规定的各个部分本身同时也规定着整体，意指整体的意义预期才成为明确的理解。""理解的运动经常就是从整体到部分，再从部分返回到整体。我们的任务就是要在各种同心圆中扩大这种被理解的意义的统一性。一切个别性与整体的一致性就是正确理解的合适标准。未达到这种一致性就意味着理解的失败。"① 因此，我们只有把法律条文置于法律体系整体之中，不断地用整体来解释部分，又不断地用部分来解释整体，才能把握法律的价值、原则和精神，才能理解法律条文的真正含义，才能使法律条文之间保持协调，做到相同案件相同处理，不同案件不同处理，从而实现司法正义。

---

① ［德］汉斯·格奥尔格·加达默尔著：《真理与方法——哲学诠释学的基本特征》，洪汉鼎译，上海译文出版社 1999 年版。

作为一种基本解释方法，体系解释可用于解释任何法律条文。但是，司法实务中对体系解释方法的运用尚不多见，孤立地、断章取义地理解法律的现象仍比较突出。体系解释方法是法官们迫切需要掌握的一项司法技能。

## 第一节　法律解释的合宪性

在一国法律体系中，宪法是母法，处于法律体系的顶端。因此，体系解释首先是合宪性解释。如果对法律的某一项解释不符合宪法，则该项解释不能被采纳；如果某一法条不能作符合宪法的解释，则该法条不能被适用。但在实践中，法律解释的合宪性长期被忽视。有关部门在制定法律解释文件时，很少考虑解释的合宪性，似乎如何解释法律完全取决于解释者的主观意愿。法官们往往只要找到与案件相对应的法律规范或司法解释，就加以适用，即便对于不具有法律效力的内部司法文件，很多法官也是严格遵守、毫不逾矩。如果在司法中没有合宪性解释，宪法就会被虚置，“一切法律、行政法规和地方性法规都不得与宪法相抵触”就会成为一句空话，在实际效力上就会出现下位法高于上位法、内部文件高于法律的反常现象。事实上，很多法律问题也需要从宪法的角度加以解释。

前面曾经提到的气枪铅弹能否解释为“弹药”、枪口比动能大于等于 1.8 焦耳/平方厘米的玩具枪能否认定为“枪支”的问题，就是一个宪法问题。我国宪法第三十三条第三款规定：“国家尊重和保障人权。”人们可以自由地从事对社会无害的活动，自由地拥有对社会没有威胁的物品，这应当是人权的基本内容。法律规定对枪支、弹药进行严格管制，是因为这些东西对公共安全构成严重威胁。那么，气枪铅弹、玩具枪是否会对公共安全构成威胁呢？根据生活常识，气枪铅弹、玩具枪属于体育娱乐用品，通常不会造成人员伤亡，不会危害公共安全。虽然在特殊情况下，气枪铅弹、玩具枪也会造成伤害，如气枪铅弹、玩具枪子弹击中他人眼睛，但这种伤害只在极少数情况下才会发生。日常生活中一些必不可少的物品在特定情况下也会造成人身伤害，如棍棒、石头、菜刀等，但人们并不认为这些物品对公共安全构成威胁。如果说气枪铅弹、玩具枪对公共安全有威胁，它也不比这些日常生活用品的威胁更严重。因此，将气枪铅弹作为“弹药”、玩具枪作为“枪支”予以严格管制，实际上是限制了国民自由，不符合宪法关于保障人权的精神。

不仅仅是气枪铅弹、玩具枪的管制问题，事实上，刑法中所有罪名定罪量刑标准的确定，都涉及人权保障问题。入罪标准过低，把一些危害甚轻乃至没有危害的行为入罪，量刑标准过于严厉，对轻罪设置重刑，都会侵犯被告人的人权；入罪标准过高，量刑标准过于宽缓，将导致对犯罪打击不力，同样不利于保障人权。我国司法机关过去制定的一些定罪量刑标准，如抓捕二十只青蛙予以定罪、走私一整根象牙判无期徒刑，很难说是符合宪法精神的。因此，定罪量刑标准不能随意制定，也不是随便哪个司法文件规定的定罪量刑标准都应当严格执行。法官应当对司法文件的规定进行审查，对具有合宪性的规定应当严格执行，对不具有合宪性的规定不应执行。

编造和散布虚假信息如何入罪，也涉及宪法问题。我国宪法规定公民有言论自由。同时规定，公民在行使自由和权利的时候，不得损害国家的、社会的、集体的利益和其他公民的合法的自由和权利。对严重损害国家、社会利益或他人合法权益的言论予以定罪，并不违背宪法精神。但是，并非所有的虚假信息都会给国家、社会或他人造成损害，也并非所有编造和散布虚假信息，损害国家、社会或他人利益的行为都有采用刑事手段加以制裁的必要。对于编造和散布虚假信息的行为入罪标准过低，动辄将造谣、传谣者入刑，无疑会侵犯公民的言论自由，有违宪法精神。《最高人民法院、最高人民检察院关于办理利用信息网络实施诽谤等刑事案件适用法律若干问题的解释》第五条第二款规定："编造虚假信息，或者明知是编造的虚假信息，在信息网络上散布，或者组织、指使人员在信息网络上散布，起哄闹事，造成公共秩序严重混乱的，依照刑法第二百九十三条第一款第（四）项的规定，以寻衅滋事罪定罪处罚。"该条规定使得所有在网上编造或散布虚假信息的行为都有可能被定罪。这样的解释不具有合宪性。

对一些法律用语的解释应当与宪法相一致。例如，宪法第十六条规定："国有企业在法律规定的范围内有权自主经营。国有企业依照法律规定，通过职工代表大会和其他形式，实行民主管理。"刑法中也有多处规定出现了"国有企业"。没有理由认为刑法中的"国有企业"与宪法中的"国有企业"不是同一概念。2001 年发布的《最高人民法院关于在国有资本控股、参股的股份有限公司中从事管理工作的人员利用职务便利非法占有本公司财物如何定罪问题的批复》认为："在国有资本控股、参股的股份有限公司中从事管理工作的人员，除受国家机关、国有公司、企业、事业单位委派从事公务的以外，不属于国家工作人员。"该解释把国有资本控股公司排除在“国有企业”之外。但宪法中的“国有企业”显然不可能把目前在国民经济中占主导地位的众多国有资本控股公司排除在外。故上述批复并不符合宪法精神。

从上述例子可以看出，不合宪的法律法规、司法解释、司法文件并非罕见。解释法律的部门不能想当然地认为：“我说法律是什么，法律就是什么。”法官应重视法律解释的合宪性，及时纠正不合宪的法律解释，推动我国法律体系的完善与进步。

## 第二节 同一部法律内法条之间的协调

在多数情况下，体系解释是对同一部法律内的法条作相互协调的解释。同一部法律中的各法条是有机联系的整体。立法者在制定法律时，总是努力使法条之间相互协调、前后一致，避免矛盾和冲突，共同为实现立法目的服务。诚如德国法哲学家施塔姆勒所说：“一旦有人适用一部法典的一个条文，他就是在适用整个法典。”① 法官在解释某一法条时，

① 转引自［德］吉恩·魏德士著：《法律思维导论》，丁小春、吴越译，法律出版社2003年版，第73页。

应当立足于法律文本整体，结合相关法条确定该法条的含义，还需要“瞻前顾后”“左顾右盼”，避免破坏法条之间的协调关系。

在同一部法律内进行体系解释的例子不胜枚举，在这里试举几例加以说明。

**一、烟花爆竹能否解释为刑法中的“爆炸物”？**

在实践中，有人认为烟花爆竹属于刑法中的“爆炸物”，非法买卖、运输、储存烟花爆竹的，依照刑法第一百二十五条的规定，以非法买卖、运输、储存爆炸物罪定罪处罚。但是，这样解释与刑法关于危险物品肇事罪的规定不相协调。刑法第一百三十六条规定：“违反爆炸性、易燃性、放射性、毒害性、腐蚀性物品的管理规定，在生产、储存、运输、使用中发生重大事故，造成严重后果的，处三年以下有期徒刑或者拘役；后果特别严重的，处三年以上七年以下有期徒刑。”非法买卖、运输、储存烟花爆竹发生重大事故，造成严重后果的，显然符合该条规定，应以危险物品肇事罪定罪处罚。如果对非法买卖、运输、储存烟花爆竹的行为以非法买卖、运输、储存爆炸物罪定罪处罚，那么，就会出现如下结果：非法买卖、运输、储存烟花爆竹，未发生事故的，处三年以下十年以下有期徒刑；情节严重的，处十年以上有期徒刑、无期徒刑或者死刑。非法买卖、运输、储存烟花爆竹发生重大事故，造成严重后果的，处三年以下有期限徒刑或者拘役；后果特别严重的，处三年以上七年以下有期徒刑。这样，非法买卖、运输、储存烟花爆竹造成事故的处刑反而比未造成事故的处刑更轻，其荒谬之处显而易见。显然，将烟花爆竹解释为刑法中的“爆炸物”是错误的。

**二、在网络上造谣、传谣能否解释为“寻衅滋事”?**

2013 年发布的《最高人民法院、最高人民检察院关于办理利用信息网络实施诽谤等刑事案件适用法律若干问题的解释》认为，在信息网络上编造和散布虚假信息，属于“在公共场所起哄闹事”的寻衅滋事行为，造成公共秩序严重混乱的，应以寻衅滋事罪定罪处罚。但是，该解释与当时的刑法第二百九十一条之一关于编造、故意传播虚假恐怖信息罪的规定存在冲突。该条规定，编造爆炸威胁、生化威胁、放射威胁等恐怖信息，或者明知是编造的恐怖信息而故意传播，严重扰乱社会秩序的，处五年以下有期徒刑、拘役或者管制，造成严重后果的，处五年以上有期徒刑。当时的刑法规定显然应理解为，刑法只将编造、故意传播虚假恐怖信息的行为规定为犯罪，对于编造、故意传播恐怖信息以外的其他信息的行为未规定为犯罪。将在信息网络上编造和散布虚假信息，严重扰乱社会秩序的行为定性为寻衅滋事罪，导致编造、故意传播恐怖信息和编造、故意传播恐怖信息以外的其他虚假信息一样处罚，这显然不符合刑法的本意。

《刑法修正案（九）》对刑法第二百九十一条之一增加了一款："编造虚假的险情、疫情、灾情、警情，在信息网络或者其他媒体上传播，或者明知是上述虚假信息，故意在信息网络或者其他媒体上传播，严重扰乱社会秩序的，处三年以下有期徒刑、拘役或者管制；造成严重后果的，处三年以上七年以下有期徒刑。"该规定更清楚地表明了立法机关的态度：刑法只将编造、故意传播虚假的恐怖信息、险情、疫情、灾情、警情，严重扰乱社会秩序的行为规定为犯罪，对编造、故意传播其他虚假信息的行为未规定为犯罪，而且，刑法对编造、故意传播虚假的险情、疫情、灾情、警情设置的法定刑低于寻衅滋事罪的法定刑。可见，立法机关并不赞成将编造、故意传播虚假信息的行为以寻衅滋事罪定罪处罚。"两高"的相关司法解释不符合刑法本意，需要修订。

**三、财产性利益能否解释为刑法中的"财物"？**

"财物"是我国刑法中的重要概念，刑法文本中出现"财物"一词达四十余次。从传统的刑法理论看，刑法中的"财物"与民法上的"物"是同义词，都是指存在于人身之外，能够满足人们的社会需要而又能为人所实际控制和支配的物质客体。近年有人主张，刑法中的“财物”应当包括财产性利益。我不赞成这种观点。

我们可以采用体系解释的方法，对刑法中使用“财物”一词的条文进行比较，确定刑法中“财物”的含义。刑法中使用“财物”一词的条文主要有：抢劫罪、盗窃罪、诈骗罪、抢夺罪、侵占罪、敲诈勒索罪、故意毁坏财物罪、贪污罪、职务侵占罪、受贿罪。从人们的语言习惯看，能够作为抢劫、盗窃、诈骗、抢夺、毁坏等犯罪对象的“财物”应当是具有物理属性的物，即有体物（包括电力、燃气、电信资源等），所谓“偷走我的心”、“欺世盗名”等不过是一种文学性的表述罢了。而财产性利益主要是指财产权利，包括物权、债权、知识产权等。权利仅仅是观念上的事物，不具有客观实在性，以权利为对象的犯罪很难用抢劫、盗窃、诈骗、抢夺、毁坏等用语来表述。抢劫、盗窃、诈骗、抢夺、毁坏等犯罪行为只能作用于有形的权利载体——财物，从而侵犯财产权利，而无法直接作用于无形的财产权利本身，故财产性利益或财产权利不能成为抢劫、盗窃、诈骗、抢夺、毁坏等犯罪行为的对象。普通人很容易理解什么是盗窃金钱、电器、服装，却无法理解盗窃所有权、使用权、债权、知识产权是怎么一回事。立法者将财物而非财产性利益作为盗窃等犯罪的犯罪对象，显然已经考虑到普通人的语言习惯，有意识地将财产权利与财产权利的载体作了区分。因此，刑法中的“财物”只能是客观实在的物——财产权利的载体，而不包括财产性利益。

“客观解释”论者可能会提出，尽管立法者在制定法律时没有将财产性利益作为“财物”的意思，但是，根据保护法益的客观需要，应当将刑法中的“财物”扩大解释为包括财产性利益。问题在于，将“财物”与“财产性利益”相区别的思想已经贯穿于整部刑法之中，如果扩大“财物”一词的含义，将破坏刑法内部的整体协调。虽然受贿罪的犯罪对象在理论上可以包括财产性利益，但是，刑法既然将受贿罪的犯罪对象表述为“财物”，应当认为这里的“财物”与其他法条中的“财物”含义一致，否则就会造成理解上的混乱。如果要将受贿罪的犯罪对象扩大到财产性利益，只能通过修改法律的方式进行。若将刑法其他法条中的“财物”解释为包括财产性利益，则会产生许多矛盾。

首先，知识产权明显不宜解释为“财物”。刑法分则第三章第七节专门规定了侵犯知识产权罪。如果认为知识产权属于财物，那么侵犯知识产权罪与侵犯财产罪之间的界限就无法区分，有的侵犯知识产权行为究竟属于盗窃，还是诈骗、抢夺也难以说清楚。从法益保护的角度看，将知识产权解释为“财物”也完全没有必要，侵犯知识产权的行为应当适用侵犯知识产权罪的有关规定，不应当作为侵犯财产罪来处理，否则刑法中关于侵犯知识产权罪的规定就会被虚置。

有人主张，债权可以解释为“财物”，例如，通过技术手段将他人存折中的存款转入自己的存折中，但尚未取出现金；使用欺骗手段使他人免除自己 1 万元的债务，这类行为并未实际获得财物，行为人只是获取了债权或被免除了债务，仍应以盗窃罪、诈骗罪定罪。

我认为上述例子并不恰当。将他人存折中的存款转入自己的存折中固然构成盗窃，但存折中的存款应当认定为财物，而非债权。存款是银行管理的客户资金，客户对资金享有所有权，它虽然表现为一个数字，但本质上与现金无异，当然能够成为盗窃罪的对象。但债权和现金则有区别，债权能否变现，有很大的不确定性。一个人拥有 1 万元的存款，他会觉得和拥有 1 万元现金没什么区别；但没有一个正常人会觉得拥有 1 万元债权等于拥有 1 万元现金。因此，存款应当认定为财物而债权不能视为财物。

至于使用欺骗手段使他人免除自己 1 万元的债务，则不构成诈骗。这有大量的经验事实可供佐证。在很多民事纠纷中，债务人会采用欺骗方法逃避债务的履行，有的还成功免除了债务，人们只把这种行为称为“赖账”而不是诈骗。例如，原告起诉要求被告偿还借款十万元，被告可能辩称其经济困难，没有偿还能力，要求原告免除债务，实际上被告有能力偿还。这时，被告的行为显然属于使用欺骗手段使他人免除债务，如果这种行为构成诈骗，那么，被告的行为已构成诈骗罪（未遂），法官应中止民事诉讼，移送公安机关立案侦查，但实践中几乎没有一个法官会这么做。假如被告谎称借款已经还清，并指使证人作伪证，那么，被告的行为构成妨害作证罪；但如果认为使用欺骗手段使他人免除债务构成诈骗，那么，被告的行为就应定性为诈骗罪。如果法院判决被告偿还债务，被告通过转移财产、逃匿等方法拒不履行生效判决，那么，被告的行为构成拒不执行判决、裁定罪；但如果认为使用欺骗手段使他人免除债务构成诈骗，那么被告的行为还是要定性为诈骗罪。假如使用欺骗手段使他人免除债务构成诈骗，那么，如果债权人找到债务人要求其履行债务，债务人挣脱后逃走，就应解释为“乘人不备，公然夺取债权”，构成抢夺罪；如果债务人采用暴力、胁迫方式使债权人放弃讨债，则应定性为抢劫罪，这是十分荒唐的。显然，将使用欺骗手段使他人免除债务的行为定性为诈骗，会导致刑民不分、混淆罪与非罪、此罪与彼罪的界限。

还有人用盗窃、抢劫、抢夺、诈骗欠条消灭债务构成犯罪的例子，证明债权属于“财物”。我认为，采用盗窃、抢劫、抢夺、诈骗等手段非法占有欠条如何定性，本身值得研究。欠条是债权凭证，但它不能等同于债权。欠条是能够满足人们社会需要的物质客体，完全符合民法上“物”的特征，能够认定为“财物”。而债权并非客观实在的物质客体，不属于“财物”。欠条作为“财物”，有一定价值，但不能将欠条的价值与它所载明的债权价值混为一谈。欠条与它所载明的债权的关系，就好比房产证与房屋、身份证与身份的关系。如果认为房产证的价值就是它所载明的房产的价值、身份证的价值就是证件主人的身份价值，那显然是荒唐的。认为欠条的价值就是它所载明的债权价值，同样有悖情理。

通过经验观察，我们可以发现非法占有10万元的欠条与非法占有价值10万元的财物危害性有明显区别。一方面，非法占有欠条并不会造成债权人财产的实际减损，也并不必然导致债权无法实现。即便债务人采用非法手段获取了欠条，仍需要通过一系列的行为（如诉讼中的虚假陈述）才能免除债务；即便该欠条是主张债权的唯一凭证，债权人仍有可能通过其他证明手段在民事诉讼中获得胜诉，实现债权。事实上，多数非法占有欠条的案件，行为人免除债权的目的并不能得逞。另一方面，逃废债务的方法多种多样，非法占有欠条逃债与其他逃债方法对债权人的损害并无明显区别。即便欠条不被他人非法占有，债权人也有可能因为债务人逃匿、转移财产、经济状况恶化、超过诉讼时效等原因，无法实现债权。

因此，非法占有欠条的行为充其量只是给债权人实现债权制造了障碍，不能认定为非法占有债权，更不能认定为非法占有与欠条载明的债权等额的财物。对于盗窃、抢劫、抢夺、诈骗欠条的行为，其违法犯罪数额应按欠条的价值认定，欠条载明的债权数额只能作为处罚的情节考虑。由于欠条的价值很小，盗窃、抢夺、诈骗欠条不可能达到数额较大，一般不应认定为犯罪，可给予治安处罚，但是，具有多次盗窃、入户盗窃、携带凶器盗窃、扒窃情节的，依法应认定为盗窃罪。由于刑法对构成抢劫罪没有数额要求，故抢劫欠条的行为构成抢劫罪，但是，对抢劫的欠条载明的债权数额巨大的，不能认定为抢劫数额巨大。对于盗窃、抢劫、抢夺、诈骗房产证、身份证等行为，也可按照同样的思路定性。

我以为，上述思路有助于客观评价非法占有欠条行为的社会危害性，进而作出恰当的处罚。在过去的司法实践中，有的司法机关对此类案件按欠条载明的债权数额认定犯罪数额，并予以定罪处罚。这种做法并不妥当，不能据此得出债权属于“财物”的结论。

综观刑法全文，关于保护物权和知识产权的法条较多，关于保护债权的法条仅一条，即刑法第二百七十六条之一关于拒不支付劳动报酬罪的规定。有人认为，如果不对债权进行保护，刑法就有漏洞，因此应把刑法中的“财物”解释为包括债权。我认为这种观点并不正确。刑法不惩处一般的侵犯债权行为是基于立法者的审慎考量。债权纠纷通常不涉及国家利益、社会公共利益和他人合法权益，债权受到侵犯后是否需要保护，应由当事人自主决定，国家不应主动干预，因此，债权保护一般应通过当事人的自助行为或民事诉讼程序进行，不需要动用刑事手段。不把一般的债权作为侵犯财产罪的保护对象符合立法原意。而刑法之所以把劳动报酬纳入保护对象，是因为对劳动者权益的保护事关公共利益。同时，刑法对拒不支付劳动报酬罪构成要件的规定比其他侵犯财产罪更为严格——须“经政府有关部门责令支付仍不支付”才能构成，对该罪设置的法定刑也比其他侵犯财产罪更低。可见，拒不支付劳动报酬罪与侵犯财产所有权的犯罪还是有区别的。

还有人认为，《最高人民法院关于审理非法生产、买卖武装部队车辆号牌等刑事案件具体应用法律若干问题的解释》规定："使用伪造、变造、盗窃的武装部队车辆号牌，骗免养路费、通行费等各种规费，数额较大的，依照刑法第二百六十六条的规定定罪处罚"，这说明债权可以成为诈骗罪的犯罪对象。但是，该司法解释恰恰是错误的。将骗免养路费等规费的行为与逃税行为相比，逃税的危害显然更重，但是，刑法对逃税罪处刑的规定明显轻于诈骗罪。如果对骗免养路费等规费的行为以诈骗罪定罪处罚，则无法与逃税罪的规定相协调。

除知识产权、债权外，土地使用权也是一种重要的财产性利益。近年来，"土地使用权能否成为贪污罪的对象"这一问题引起了实务部门的关注。最高人民法院于2012年发布的指导案例11号（杨延虎等贪污案）肯定了土地使用权能够成为贪污罪的犯罪对象。但是，法官不能因为最高人民法院已有明确意见就放弃思考。事实上，对于这一问题有很大的争议，最高人民法院发布指导案例之前也没有对此展开充分的讨论，因此有进一步探讨的必要。

根据刑法第三百八十一条第一款的规定，贪污罪的对象是"公共财物"。认为土地使用权能够成为贪污罪对象的主要理由是：土地使用权具有财产性利益，无论国有土地、集体土地，都属于公共财物，故可以成为贪污的对象。我认为，这样的论证缺乏说服力。首先，土地使用权与土地并非一回事。土地使用权是权利；而土地是财物，是权利的载体。不能因为土地是公共财物，就得出土地使用权也是公共财物的结论。就好比我们说"人是动物"，但不能说"人权也是动物"一样。其次，我们说"土地使用权是一种财产性利益"，只是说它有经济价值。但是，并非有经济价值的东西都是财物。债权、知识产权、劳动力、信息、技术等，都有经济价值，但这些都不是财物。再次，贪污是以非法占有为特征的犯罪，而土地使用权不可能被"占有"。非法占有是对财物所有权权能的整体侵犯，也就是使所有人丧失对财物占有、使用、收益、处分的可能性，而使用权只是所有权中的一项权能，非法取得财物的使用权不能称为"非法占有"，被"占有"的对象只能是财物，"占有使用权"的说法从逻辑上看是自相矛盾的。

把土地使用权作为贪污罪的犯罪对象，会在司法实践中产生一系列的问题：

1. 既然土地使用权可以被贪污，其他财物的使用权也同样可以成为贪污的对象。那么，侵犯公款使用权的挪用公款行为是不是也构成贪污呢？这样，挪用公款罪和贪污罪之间的界限就消失了。

2. 国家工作人员违反规定将土地使用权审批给他人，致使公共财产遭受重大损失的，符合滥用职权罪的构成要件，实践中也定性为滥用职权罪。如果土地使用权可以成为贪污的对象，那么这种行为可以解释为审批者贪污了土地使用权，定性为贪污罪，虽然审批者本人没有获得土地使用权，但贪污所得归谁所有并不影响贪污的定性。这样，贪污罪与滥用职权罪之间的界限也消失了。

3. 国家工作人员利用职务之便，违反规定将土地使用权审批给他人，收受他人财物，符合受贿罪的构成要件，实践中也定性为受贿罪。如果土地使用权可以成为贪污的对象，这种行为也可以定性为贪污罪，其收受的财物可以视为分赃。这样，受贿罪与贪污罪的界限也将变得模糊不清。

4. 如果土地使用权属于财物，它也是盗窃、抢夺、诈骗等罪的犯罪对象。那么，未经审批，在土地管理部门不知情的情况下在土地上建房，属于盗窃土地使用权的行为，应按盗窃罪定性；采用欺骗手段骗取审批，获得土地使用权，应按诈骗罪定性；未经审批公然非法占用土地，应按抢夺罪定性。如果这样，刑法规定非法占用农用地罪就没有必要，对非法占用农用地行为可以按盗窃罪或抢夺罪定罪。

5. 如果土地使用权属于财物，其他财产性利益——如房屋、车辆的使用权、经济适用房申购资格、特殊行业经营许可证、低于市场价受让国有土地使用权、采矿权等——也属于财物。那么，领导干部违反规定占用公房、公车构成贪污罪，领导干部占用其他企业或个人的住房、车辆构成受贿罪，利用职权违规为他人办理特殊行业经营许可证构成贪污罪，骗取经济适用房申购资格构成诈骗罪，地方政府为了招商引资等以低于市场价出让土地使用权构成贪污罪，非法采矿构成盗窃罪或抢夺罪。这样，就会模糊违纪和犯罪、此罪与彼罪的界限。

6. 如果贪污土地使用权能够成立，如何认定犯罪既遂、如何计算土地使用权的价值都将成为难题。关于贪污罪的既遂与未遂标准，主要有“失控说”“控制说”“占有说”三种观点。但是，在“贪污”土地使用权案件中，使用权人的权利受到所有权的限制，所有权人对土地没有失控，使用权人也不可能自主控制或“占有”土地，转让土地必须经土地管理部门许可，贪污既遂与未遂的界限变得模糊不清。应该以获得土地管理部门审批为既遂标准？以在土地上建成房屋为标准？或以取得土地使用权证为标准？还是达到规定的土地使用年限为标准？没有人能说得清楚。而且，这类案件凡被查获的，土地使用权人使用土地的时间均不长，远未达到规定的土地使用年限。被“贪污”的土地使用权价值应按实际使用时间计算，还是按规定的土地使用年限计算？都令人感到困惑。在杨延虎等贪污案中，杨延虎等取得 72 平方米安置用地使用权约两年后被冻结，判决认定其非法所得 229 万余元。这样认定是否合理，颇值得质疑。

现在，让我们再回过头来看看，利用职权获取土地使用权与贪污究竟有何不同。土地作为一种资源，其价值形态与一般的财物有所不同。一般财物的价值是依附于财物而产生的，例如，某甲拥有一个财物就拥有了该财物的价值，当某乙取得某甲的财物时，某甲就失去了该财物的价值，某乙就获得了相应的价值。而土地的价值是在对土地开发利用过程中产生的，当国家拥有一宗土地，将其闲置时，该宗土地并无多少价值，只有将该宗土地的使用权出让，由土地使用权人对其进行开发利用时，才产生价值。因此，不能将土地使用权的出让过程理解成国家、集体失去土地价值，而使用权人取得相应价值的过程。相反，土地使用权的流转能提高土地利用效率，创造更多的价值，增加社会财富。只有这样看问题，我们才能够理解：为什么当年小岗村的农民私自把土地包产到户被视为革命性的创举，为什么上世纪九十年代开始实行的国有土地使用权出让制度是一项意义深远的改革举措。否则，这些行为都属于侵占或贱卖国家、集体资产。

土地使用权价值也不像一般财物的价值那样，它是相对固定的。土地使用权价值的高低取决于土地开发利用情况，包括土地的用途、投入的建设成本、周边环境、经济形势等。同样一宗土地，在不同的时期，采用不同的方式，由不同的人开发利用，其价值可能大不相同。因此，我们很难不考虑其他因素，单纯地评估一宗出让土地的使用权有多少价值。

土地价值的上述特性决定了利用职权获取土地使用权与贪污的本质区别：贪污使国家利益受损，而自己获得相应的利益，这种利益的大小是固定的、可评估的；而利用职权获取土地使用权虽然为自己谋取了利益，但并没有使国家利益受损，获取利益的大小也是不确定的。这在杨延虎等贪污案中就可以得到验证，如果杨延虎等人不取得安置用地，那么该宗土地或者被闲置，或者以基本相同的条件安置给他人，国家的财产并不会因为杨延虎等人未取得安置用地而增加。显然，认为杨延虎等人获取土地使用权而造成229万余元的国家财产损失，是不客观的。杨延虎等人违规获取土地使用权的危害性在于破坏了公平、公正的土地使用权出让制度，而不是贪污国有土地使用权。

也许有人会说："你这是东拉西扯，把话题扯得太远了。我们只要分析案件所涉及的法条就行了，有必要把其他法条牵扯进来吗?"但我以为，整体分析的方法正是体系解释的要义所在。一部法律就好比一副拼好的积木，正确解释法律，应当使法条之间的拼接"严丝合缝"、"接榫对铆"，不能"按下葫芦浮起瓢"，也不应有严重的裂隙或漏洞。对一个法条的错误解释，常常会产生"牵一发而动全身"的效果，导致法条之间的冲突，甚至破坏整部法律的结构。因此，孤立的、就事论事的法条分析方法是应当避免的。

## 第三节 不同法律之间的协调

体系解释还常常涉及不同法律相关法条之间的协调。一国的法律体系是一个有机整体。不同的法律、法规之间有时候会因立法者的疏漏而出现冲突，但各部法律、法规的总体目标是一致的，都是为了最大限度地实现公平正义，增进公众福祉，因此，应尽可能作相互协调的解释。在刑法解释中，有的刑法规范是为了维护经济秩序、保障民事权利，有的刑法规范是为了维护行政管理秩序，对刑法条文的解释应当与民法、行政法相协调。刑法理论上对犯罪有自然犯和法定犯之分。自然犯又称刑事犯，是因违反社会伦理而构成的犯罪；法定犯又称行政犯，是指没有明显违反社会伦理，因违反法律法规而构成的犯罪。对法定犯的构成要件，应结合相关的法律法规来理解。

下面，我结合走私罪的界定谈谈刑法与行政法律、法规之间的协调问题。

我国刑法分则第三章第二节对走私罪作了规定，共规定了走私普通货物、物品罪、走私武器、弹药罪、走私国家禁止进出口的货物、物品罪、走私废物罪等九个罪名。但是，对于什么是“走私”，刑法没有作出定义。实践中对走私行为的性质判断主要依赖于司法人员的直觉：瞒骗海关，逃避海关的检查，将货物、物品运输入境或出境，这是典型的走私；瞒骗海关，擅自将海关监管货物、物品在境内销售的，这也属于走私。实践中普遍认为，在进出口货物过程中伪报价格逃税也属于走私。2002 年发布的《最高人民法院、最高人民检察院、海关总署关于办理走私刑事案件适用法律若干问题的意见》认为："走私犯罪案件中的伪报价格行为，是指犯罪嫌疑人、被告人在进出口货物、物品时，向海关申报进口或者出口的货物、物品的价格低于或者高于进出口货物的实际成交价格。"这意味着我国最高司法机关也认可伪报价格进出口逃税属于走私。近年来，实践中出现了利用他人的进口许可证进口限制进口的普通货物或可用作原料废物案件，有的司法机关认为，这种行为应以走私罪定性。这种意见最终被上升为司法解释。2014 年发布的《最高人民法院、最高人民检察院关于办理走私刑事案件适用法律若干问题的解释》第二十一条规定："未经许可进出口国家限制进出口的货物、物品，构成犯罪的，应当依照刑法第一百五十一条、第一百五十二条的规定，以走私国家禁止进出口的货物、物品罪等罪名定罪处罚。……租用、借用或者使用购买的他人许可证，进出口国家限制进出口的货物、物品的，适用本条第一款的规定定罪处罚。"但是，凭司法人员的直觉定性未必是可靠的，对走私罪的界定还需要从相关法律、法规中寻找依据。

对于什么是走私行为，《海关法》第八十二条作了规定："违反本法及有关法律、行政法规，逃避海关监管，偷逃应纳税款、逃避国家有关进出境的禁止性或者限制性管理，有下列情形之一的，是走私行为：（一）运输、携带、邮寄国家禁止或者限制进出境货物、物品或者依法应当缴纳税款的货物、物品进出境的；（二）未经海关许可并且未缴纳应纳税款、交验有关许可证件，擅自将保税货物、特定减免税货物以及其他海关监管货物、物品、进境的境外运输工具，在境内销售的；（三）有逃避海关监管，构成走私的其他行为的。”显然，瞒骗海关，逃避海关的检查进出口货物、物品或在境内销售海关监管货物、物品符合该条规定，构成走私。伪报价格进出口逃税和利用他人许可证进口限制进口的货物是否构成走私，关键看它是否属于“逃避海关监管，构成走私的其他行为”。对此，《海关法》第八十二条规定并不明确，需要寻找其他法条依据。

国务院发布的《海关行政处罚实施条例》第七条规定：“违反海关法及其他有关法律、行政法规，逃避海关监管，偷逃应纳税款、逃避国家有关进出境的禁止性或者限制性管理，有下列情形之一的，是走私行为：（一）未经国务院或者国务院授权的机关批准，从未设立海关的地点运输、携带国家禁止或者限制进出境的货物、物品或者依法应当缴纳税款的货物、物品进出境的；（二）经过设立海关的地点，以藏匿、伪装、瞒报、伪报或者其他方式逃避海关监管，运输、携带、邮寄国家禁止或者限制进出境的货物、物品或者依法应当缴纳税款的货物、物品进出境的；（三）使用伪造、变造的手册、单证、印章、账册、电子数据或者以其他方式逃避海关监管，擅自将海关监管货物、物品、进境的境外运输工具，在境内销售的；（四）使用伪造、变造的手册、单证、印章、账册、电子数据或者以伪报加工贸易制成品单位耗料量等方式，致使海关监管货物、物品脱离监管的；（五）以藏匿、伪装、瞒报、伪报或者其他方式逃避海关监管，擅自将保税区、出口加工区等海关特殊监管区域内的海关监管货物、物品，运出区外的；（六）有逃避海关监管，构成走私的其他行为的。”该条规定同样未明确伪报价格进出口逃税或用他人许可证进口限制进口的货物是否构成走私，但是，我们可以看出，该条所列的前五种走私行为都是瞒骗海关，使货物、物品的进出境、销售等情况不被海关发现，故第六种“逃避海关监管，构成走私的其他行为”也应当理解为瞒骗海关，使货物、物品脱离海关监管的行为。而伪报价格进出口逃税、用他人许可证进口限制进口的货物并未使货物、物品脱离海关监管，据此，我们大体可以判断：这两种行为不构成走私。但这样的判断只是初步的，还需要根据其他法条进行验证。

认为伪报价格进出口逃税、用他人许可证进口限制进口的货物构成走私的主要理由是：这两种行为都是瞒骗海关，违反海关法律法规的行为，走私也是瞒骗海关，违反海关法律法规的行为。那么，瞒骗海关，违反海关法律法规的行为是不是一律构成走私呢？让我们再来看看相关的法律规定。

《海关法》除了规定走私行为外，在第八十六条还规定："违反本法规定有下列行为之一的，可以处以罚款，有违法所得的，没收违法所得：（一）运输工具不经设立海关的地点进出境的；（二）不将进出境运输工具到达的时间、停留的地点或者更换的地点通知海关的；（三）进出口货物、物品或者过境、转运、通运货物向海关申报不实的；（四）不按照规定接受海关对进出境运输工具、货物、物品进行检查、查验的；（五）进出境运输工具未经海关同意，擅自装卸进出境货物、物品或者上下进出境旅客的；（六）在设立海关的地点停留的进出境运输工具未经海关同意，擅自驶离的；（七）进出境运输工具从一个设立海关的地点驶往另一个设立海关的地点，尚未办结海关手续又未经海关批准，中途擅自改驶境外或者境内未设立海关的地点的；（八）进出境运输工具，不符合海关监管要求或者未向海关办理手续，擅自兼营或者改营境内运输的 ；（九）由于不可抗力的原因，进出境船舶和航空器被迫在未设立海关的地点停泊、降落或者在境内抛掷、起卸货物、物品，无正当理由，不向附近海关报告的；（十）未经海关许可，擅自将海关监管货物开拆、提取、交付、发运、调换、改装、抵押、质押、留置、转让、更换标记、移作他用或者进行其他处置的；（十一）擅自开启或者损毁海关封志的；（十二）经营海关监管货物的运输、储存、加工等业务，有关货物灭失或者有关记录不真实，不能提供正当理由的；（十三）有违反海关监管规定的其他行为的。”与走私行为相比较，这些行为未使货物、物品、运输工具脱离海关的监管，但在进出境货物、物品、运输工具的申报、管理等方面违反了海关监管要求，故不构成走私，而属于违反海关监管规定的行为。违反海关监管规定的行为也可能瞒骗海关，如前述第三项“进出口货物、物品或者过境、转运、通运货物向海关申报不实的”行为。可见，瞒骗海关不一定构成走私，逃避海关监管才是走私行为的本质特征。我们可以发现，伪报价格进出口逃税符合《海关法》第八十六条第三项，属于“进出口货物、物品向海关申报不实”，故该行为属于违反海关监管规定行为，不构成走私。而用他人许可证进口限制进口的货物似乎连瞒骗海关都称不上，也不符合前述任何一项违反海关监管规定的行为，更谈不上构成走私。

我们还可以进一步考查，将伪报价格进出口逃税定性为走私，与《海关法》的其他规定是否协调。《海关法》第五十五条规定：“进出口货物的完税价格，由海关以该货物的成交价格为基础审查确定。成交价格不能确定时，完税价格由海关依法估定。”该条规定确立了海关审价制度。根据《进出口关税条例》及《海关审定进出口货物完税价格办法》规定：海关对申报价格的真实性、准确性有疑问时，应当提出价格质疑；经价格质疑，仍有理由怀疑申报价格的真实性、准确性的，应当进行价格磋商，与纳税义务人交换彼此掌握的用于确定完税价格的数据资料，再依法估定完税价格。显然，这些规定正是为了防止伪报价格进出口逃税而设置的。也就是说，对于伪报价格进出口逃税行为，《海关法》的要求是通过价格质疑、价格磋商、海关估价等方法确定完税价格，而不是将其作为走私行为予以打击。这与WTO《海关估价协议》的要求相符，也是国际上通行的做法。如果将伪报价格进出口逃税定性为走私，那么，海关对申报价格的真实性、准确性有疑问，等于发现了走私犯罪线索，应当启动刑事侦查程序，而不是通过审价程序来估定价格；若海关发现走私线索不查处，而采用估价办法确定完税价格，则属于放纵走私的渎职行为。显然，将伪报价格进出口逃税定性为走私，与海关审价制度无法兼容。

《海关法》第六十二条规定："进出口货物、进出境物品放行后，海关发现少征或者漏征税款，应当自缴纳税款或者货物、物品放行之日起一年内，向纳税义务人补征。因纳税义务人违反规定而造成的少征或者漏征，海关在三年以内可以追征。"该条确立了海关对税款的补征、追征制度。伪报价格应属最为常见的"因纳税义务人违反规定而造成的少征和漏征"情形，依法应适用三年的追征期限。如果将伪报价格进出口逃税定性为走私，那么，对于逃税数额达到走私罪定罪标准的伪报价格行为，都应当适用刑法关于追诉时效的规定。这样，《海关法》规定的税款追征制度就会失去意义。可见，将低报价格进出口逃税定性为走私，与海关对税款的追征制度存在冲突。

根据《海关法》规定：走私货物、物品及违法所得、专门或者多次用于掩护走私的货物、物品、专门或者多次用于走私的运输工具，都应当予以没收，藏匿走私货物、物品的特制设备，应当责令拆毁或者没收。这一规定具有合理性，因为走私货物、物品都是逃避海关监管而非法出入境或在境内销售，属违法所得，用于掩护走私的货物、物品、运输工具、特制设备属于违法犯罪的工具，理应没收。但是，如果将伪报价格进出口逃税定性为走私，由于伪报价格进出口的货物均系合法出入境，货物经营者对货物拥有合法的所有权，货物运输工具均用于正常商业活动，仅因缴纳的税款不足，就没收全部货物乃至运输工具，有违法理和情理。如果伪报价格进出口逃税的货物、运输工具应该没收，那么，对于在境内经营中逃税的货物、运输工具也同样有理由没收，经营者的合法财产权利就得不到有效保障。显然，将伪报价格进出口逃税定性为走私，在“走私”货物、运输工具的处理上会产生不公正的结果。

对于用他人许可证进口限制进口的货物是否构成走私，我们也可以结合其他法条作进一步分析。用他人许可证进口限制进口的货物，都是采取租用、借用或购买他人许可证的方法进口，其实质是买卖进口许可证。《对外贸易法》第三十四条规定：“在对外贸易活动中，不得有下列行为：（一）伪造、变造进出口货物原产地标记，伪造、变造或者买卖进出口货物原产地证书、进出口许可证、进出口配额证明或者其他进出口证明文件；……（三）走私。”该条规定将买卖进出口许可证与走私分列为两项，意味着立法机关认为买卖进出口许可证与走私是两种不同的行为。《刑法》第二百二十五条规定，买卖进出口许可证，扰乱市场秩序，情节严重的，以非法经营罪定罪处罚，这一规定是与《对外贸易法》相衔接的。

行政机关对买卖进出口许可证也一直以非法经营行为定性处理。国务院发布的《货物进出口管理条例》第六十六条规定："伪造、变造或者买卖货物进出口配额证明、批准文件、许可证或者自动进口许可证明的，依照刑法关于非法经营罪或者伪造、变造、买卖国家机关公文、证件、印章罪的规定，依法追究刑事责任；尚不够刑事处罚的，依照海关法的有关规定处罚；国务院外经贸主管部门并可以撤销其对外贸易经营许可。"商务部《货物进口许可证管理办法》第三十条规定："对伪造、变造或者买卖进口许可证的，依照刑法关于非法经营罪或者伪造、变造、买卖国家机关公文、证件、印章罪的规定，依法追究刑事责任。"原对外贸易经济合作部《关于严禁买卖或变相买卖进出口许可证的通知》明确："根据我国《刑法》第225和《对外贸易法》第39条，买卖或变相买卖进出口许可证属违法行为。"

有人认为，买卖进出口许可证定性为非法经营是指单纯进行许可证买卖，但未参与货物进出口的情形；如果购买进出口许可证用于进出口货物，则应定性为走私。但是，这样解释又会与《海关法》《刑法》的有关规定发生冲突。《海关法》第八十四条规定："伪造、变造、买卖海关单证，与走私人通谋为走私人提供贷款、资金、账号、发票、证明、海关单证，与走私人通谋为走私人提供运输、保管、邮寄或者其他方便，构成犯罪的，依法追究刑事责任；尚不构成犯罪的，由海关没收违法所得，并处罚款。"《刑法》第一百五十六条规定："与走私罪犯通谋，为其提供贷款、资金、账号、发票、证明，或者为其提供运输、保管、邮寄或者其他方便的，以走私罪的共犯论处。"据此，若购买进出口许可证用于进出口货物构成走私，则单纯的买卖进出口许可证构成走私共犯。这显然与刑法第二百二十五条的规定相矛盾。

对于买卖废物进口许可证行为的定性和处理，环境保护部、商务部、发展改革委、海关总署、质检总局联合发布的规章《固体废物进口管理办法》作了规定。该《办法》第四条规定："禁止转让固体废物进口相关许可证。本办法所称转让固体废物进口相关许可证，是指：（一）出售或者出租、出借固体废物进口相关许可证；（二）使用购买或者租用、借用的固体废物进口相关许可证进口固体废物；（三）将进口的固体废物全部或者部分转让给固体废物进口相关许可证载明的利用企业以外的单位或者个人。"第四十三条第三款规定："违反本办法规定，走私进口固体废物的，由海关按照有关法律、行政法规的规定进行处罚，构成犯罪的，依法追究刑事责任。"第四十五条规定："违反本办法规定，转让固体废物进口相关许可证的，由发证机关撤销其固体废物进口相关许可证，构成犯罪的，依法追究刑事责任。"

上述规定说明：一、采用买卖许可证方式进口废物与持有许可证的企业将进口的废物转让给他人在性质上是相同的，但后一种行为显然不构成走私，故采用买卖许可证方式进口废物也不构成走私。二、转让固体废物相关许可证的行为与走私进口固体废物应承担不同的法律责任，故《办法》第四十三条第三款、第四十五条对两种行为的法律责任分别作了规定。如果转让固体废物相关许可证构成走私，则第四十五条规定应为："转让固体废物相关许可证的，以走私进口固体废物论处。"

还有人认为，用他人许可证进口限制进口的货物，属于未经许可进口限制进口的货物，故构成走私。这种观点也不能成立。首先，用他人许可证进口限制进口的货物，都是由实际进口方出资，由持有许可证的企业出面或委托外贸企业办理进口手续，从海关的角度看，是持有许可证的企业在进口货物，故不等于无证进口。其次，将未经许可进口限制进口的货物等同于走私，也与法律、法规规定不符。国务院《海关行政处罚实施条例》第十四条第一款规定："违反国家进出口管理规定，进出口国家限制进出口的货物，进出口货物的收发货人向海关申报时不能提交许可证件的，进出口货物不予放行，处货物价值30%以下罚款。"《刑法》第三百三十九条第二款规定："未经国务院有关主管部门许可，擅自进口固体废物用作原料，造成重大环境污染事故，致使公私财产遭受重大损失或者严重危害人体健康的，处五年以下有期徒刑或者拘役，并处罚金，后果特别严重的，处五年以下十年以下有期徒刑，并处罚金。"这两条规定并未将未经许可进口限制进口的普通货物或废物行为定性为走私。从进出口管理的实际看，确实存在着未经许可进口限制进口的货物，但并未逃避海关监管的情况，不将这种行为定性为走私是合理的。

综上，无论是伪报价格进出口逃税，还是用他人许可证进口限制进口的货物，均不构成走私。简言之，在货物进出口过程中的常见违规行为可分为三类，即"逃证"、"逃税"、"逃货"，走私仅指"逃货"行为，单纯的"逃证"、"逃税"并非逃避海关监管，不应定性为走私。

体系解释方法的运用要全面了解与案件相关的法律法规，

准确把握法律的真实含义。很多司法人员不习惯这种复杂的分析方法，而希望从法律法规、司法解释中找到能直接适用于案件的答案，当法律规范与案件事实不能完全对应时，则不惜削足适履，改变法律规范的含义，将案件事实生硬地纳入法律规范构成要件之下。有关部门在制定法律解释的时候，也常常不能全面考虑法律之间的协调关系，未经系统分析而对法律作出违背立法原意的解释。这种做法无疑会歪曲法律的精神，破坏法律的统一性，损害法律的权威，是今后迫切需要加以改进的。

Chapter 5

# 历史解释：

历史在照亮昔日的同时也照亮了今天……

历史解释是指根据法律的历史发展演变过程确定法律真实含义的解释方法。任何法律规范、法律概念都是在一定的历史条件下产生、形成的，法律规范、法律概念也常常随着历史的发展演变而发生变化。正如卡多佐所说：“历史在照亮昔日的同时也照亮了今天，而在照亮了今天之际又照亮了未来。”① 我们要理解今天的法律，既要回首过去，又要展望未来；既要继承对今天仍有意义的习惯、传统，又要顺应潮流、把握趋势，适应社会的发展变革。

## 第一节　遵从习惯

大多数法律规范、法律概念不是立法者创造的，而是从习惯发展而来，立法者只是把习惯用成文法的形式固定下来而已。而这种习惯又是人们在长期的社会生活实践中形成的，

① ［美］本杰明·卡多佐著：《司法过程的性质》，苏力译，商务印书馆2003年版，第31页。

“生活塑造了行为的模子，而后者在某一天又会变得如同法律那样固定起来。法律维护的就是这些从生活中获得其形式和形状的模子。”① 虽然，由于社会的发展变化，习惯并非在所有的法律问题上都起作用，但是，在传统的法律领域，习惯常常代表着大多数人的意愿，“如果对习惯略加延伸，就会将习惯与习惯性道德、流行的关于正确行为的标准、时代风气等同起来。”② 这时，遵从习惯的解释就是最能体现大多数人意志的解释。

让我们再来看看气枪铅弹能否认定为刑法中的“弹药”问题。

我国未制定专门的弹药管理法律、法规，对弹药进行管理的法律依据是《枪支管理法》和《刑法》。《枪支管理法》第四十八条规定：“制造、配售、运输枪支的主要零部件和用于枪支的弹药，适用本法的有关规定。”《刑法》第一百二十五条、第一百二十七条、第一百二十八条、第一百五十一条是关于弹药管理的刑法规范。《枪支管理法》颁布于1996年，现行《刑法》于1997年颁布实施。在此之前，我国对

---

① ［美］本杰明·卡多佐著：《司法过程的性质》，苏力译，商务印书馆2003年版，第38页。

② ［美］本杰明·卡多佐著：《司法过程的性质》，苏力译，商务印书馆2003年版，第38页。

弹药进行管理的法律依据是1979《刑法》和1981年由公安部颁布的《枪支管理办法》。

1979年《刑法》已经规定了非法制造、买卖、运输弹药罪和私藏弹药罪。该法第一百一十二条规定："非法制造、买卖、运输枪支、弹药的，或者盗窃、抢夺国家机关、军警人员、民兵的枪支、弹药的，处七年以下有期徒刑；情节严重的，处七年以上有期徒刑或者无期徒刑。"第一百六十三条规定："违反枪支管理规定，私藏枪支、弹药，拒不交出的，处二年以下有期徒刑或者拘役。"但是，1979年《刑法》中的"弹药"显然不包括气枪铅弹，因为当时气枪铅弹可以由公民合法持有，可以在文体用品商店出售，从来没有发生因买卖、运输、持有气枪铅弹而受到刑事追究的案例。

1981年《枪支管理办法》对弹药的管理作了较为具体的规定，如："除国家指定或经主管部门批准的单位外，任何单位和个人不得买卖枪支、弹药。""任何单位和个人，未经法定手续批准，不得私自保存枪支、弹药。对于未经批准持有的枪支、弹药，必须送交当地公安机关，不得擅自处理。""（来华外国人）凡携带枪支、弹药的，在入境时必须向海关申报，由边防检查站暂时封存在口岸，出境时发还本人，或由携带人退运出境。"但是，这些规定从未适用于气枪铅弹。

该《办法》第二条、第二十一条把气枪称为“能发射金属弹丸的气枪”。显然，该《办法》认为气枪所发射的是“金属弹丸”，而不是“弹药”。

在《枪支管理办法》施行期间，我国一直对枪支弹药实行严格管理，公安部曾多次发布收缴非法枪支弹药的通告，如：1981 年《公安部关于执行〈中华人民共和国枪支管理办法〉有关事项的通知》、1983 年《公安部关于坚决贯彻国务院命令进一步加强枪支弹药爆炸物品管理的通知》、1992 年《公安部关于收缴非法持有的枪支弹药的通告》、1994 年《公安部关于收缴非法枪支弹药加强枪支弹药管理的通告》。但公安机关都没有将气枪铅弹纳入应收缴的弹药之列。

1995 年，最高人民法院发布了《关于办理非法制造、买卖、运输非军用枪支、弹药刑事案件适用法律问题的解释》，规定制造非军用枪支专用子弹 500 发以上或者买卖、运输 1000 发以上的，处七年以下有期徒刑。但当时也没有出现对制造、买卖、运输气枪铅弹行为按上述标准追究刑事责任的案例。

1996 年颁布的《枪支管理法》完善了枪支弹药的管理规定，该法第四十六条规定：“本法所称枪支，是指以火药或者压缩气体等为动力，利用管状器具发射金属弹丸或者其他物质，足以致人伤亡或者丧失知觉的各种枪支。”这里仍将气枪所发射的子弹称为“金属弹丸”。1997年《刑法》完善了枪支弹药管理的刑法规范。在《枪支管理法》和1997年《刑法》实施之后的数年时间里，气枪铅弹仍没有被作为弹药加以管制，依然可以在文体用品商店及市场上出售。可见，《枪支管理法》和1997年《刑法》中的“弹药”概念是《枪支管理办法》和1979年刑法中“弹药”概念的延续，立法者并没有将气枪铅弹纳入“弹药”管理的意思。

2000年，《最高人民法院关于审理走私刑事案件具体应用法律若干问题的解释》规定：走私非军用子弹一百发以上的，以走私弹药罪定罪处罚。走私非军用子弹一百发以上不满五百发的，处三年以上七年以下有期徒刑；走私非军用子弹五百发以上不满一千发的，处七年以上有期徒刑，并处罚金或没收财产；走私非军用子弹一千发以上的，处无期徒刑或死刑，并处没收财产。这一定罪量刑标准非常严厉，显然只是针对危险性较大的气枪铅弹以外的非军用子弹，司法解释并没有考虑对走私气枪铅弹行为适用上述标准定罪处罚。

2001年，最高人民法院发布《关于审理非法制造、买卖、运输枪支、弹药、爆炸物等刑事案件具体应用法律若干问题的解释》，将气枪铅弹规定为“弹药”。此后，司法机关根据该司法解释处理了不少涉气枪铅弹刑事案件，对于走私气枪铅弹的行为，也适用《关于审理走私刑事案件具体应用法律若干问题的解释》规定，按走私非军用子弹给予严厉的处罚。

最高人民法院的上述司法解释没有考虑我们的立法传统和普通人的习惯，显然是有问题的。首先，把气枪铅弹解释为“弹药”是对法律的实质性修改，应由立法机关行使这一权力，最高人民法院的司法解释构成对立法权的侵犯。其次，这一解释不能与过去的法律、司法解释相协调，过去的法律、司法解释中有关“弹药”的规定都不是针对气枪铅弹作出的，将这些规定适用于气枪铅弹，必然带来司法上的混乱。最后，这一解释超出普通人对气枪铅弹性质的认知，不具有预测可能性，使许多不具有主观犯意的人被定罪，甚至判处重刑，损害了司法的公正和信誉。

公安部于2007年发布的《枪支致伤力法庭科学鉴定判据》把枪支鉴定标准降低至原标准的十分之一左右，也存在同样的问题。

无论是立法者，还是司法者，都需要牢记，法律的内容不是随意制定的，也不是可以任意解释的，它要受到具体历史条件的制约，不考虑习惯、传统和社会现实的法律及法律解释最终会被历史抛弃。

## 第二节　把握趋势

历史解释并非只关注过去。社会是不断发展变化的，许多法律规则、法律概念也在随着社会的发展变化而变化，法律的解释者在关注历史的同时，也要立足现在，展望未来，把握社会发展的趋势，对法律作出符合历史发展趋势的解释，使法律的内容与时俱进。

现行刑法中的“国有公司、企业”就是一个需要根据社会发展趋势加以界定的法律概念。

刑法中多处出现了“国有公司、企业”这一用语。对于什么是“国有公司、企业”，法律界存在争议：第一种观点认为国有公司、企业是指完全由国家出资的公司、企业；第二种观点认为国有公司、企业包括完全由国家出资的公司、企业和国有资本控股公司。

最高人民法院支持上述第一种观点。该院于 2001 年发布的《关于在国有资本控股、参股的股份有限公司中从事管理工作的人员利用职务便利非法占有本公司财物如何定罪问题的批复》认为：“在国有资本控股、参股的股份有限公司中从事管理工作的人员，除受国家机关、国有公司、企业、事业单位委派从事公务的以外，不属于国家工作人员。对其利用职务上的便利，将本单位财物非法占为己有，数额较大的，应当依照刑法第二百七十一条第一款的规定，以职务侵占罪定罪处罚。”2005 年发布的《关于如何认定国有控股、参股股份有限公司中的国有公司、企业人员的解释》规定：“国有公司、企业委派到国有控股、参股公司从事公务的人员，以国有公司、企业人员论。”

但是，最高人民法院的上述解释没有考虑到在经济体制改革背景下“国有企业”概念的发展变化。

在计划经济时期，我国企业的所有制形式比较单一，全民所有制企业由国家直接经营，故又称“国营企业”。上世纪八十年代末九十年代初，我国进行了全民所有制企业转换经营机制的改革，实现了企业财产所有权与经营权的分离，少数企业进行了股份制改革试点。在这种情况下，将全民所有制企业称为“国营企业”已名不符实。于是，党的十四大报告对原来的“国营企业”采用了“国有企业”的提法。相应地，1993 年 3 月通过的宪法修正案亦将宪法条文中的“国营经济”“国营企业”修改为“国有经济”“国有企业”。当时的国有企业主要采用国有独资的形式。

九十年代中后期以来，我国进行了以建立现代企业制度为目标的国有企业改革，国有企业的形态发生了很大变化。除极少数必须由国家垄断经营的企业仍采用国有独资形式外，大量的企业通过公司制、股份制改造，改制成为国有资本控股公司、国有资本参股公司。对“国有企业”的概念也出现了多种解释。

例如，国家统计局《关于对国有公司企业认定意见的函》（国统函［2003］44 号）认为：国有企业有广义、狭义之分。广义的国有企业是指具有国家资本金的企业，可分为三个层次：一、纯国有企业。包括国有独资企业、国有独资公司和国有联营企业三种形式，企业的资本金全部为国家所有。二、国有控股企业，包括国有绝对控股和国有相对控股两种形式。国有绝对控股企业是指在企业的全部资本中，国家资本（股本）所占比例大于 50% 的企业。国有相对控股企业（含协议控制）是指在企业的全部资本中，国家资本（股本）所占的比例虽未大于 50%，但相对大于企业中的其他经济成分所占比例的企业（相对控股）；或者虽不大于其他经济成分，但根据协议规定，由国家拥有实际控制权的企业（协议控制）。三、国有参股企业。是指具有部分国家资本金，但国家不控股的企业。狭义的国有企业，仅指纯国有企业。

《财政部关于国有企业认定问题有关意见的函》（财企函［2003］9号）认为：从企业资本构成的角度看，“国有公司、企业”应包括企业的所有者权益全部归国家所有、属《企业法》调整的各类全民所有制企业、公司；从企业控制力的角度看，“国有公司、企业”还应涵盖国有控股企业。

我认为，刑法中的“国有公司、企业”应当包括纯国有企业和国有资本控股公司。这样解释的理由在于：

第一，与社会公众的观念相符。当前，我国大多数国有大中型企业已进行了股份制改造，有的成为跨地区、跨行业、跨所有制和跨国经营的大企业集团。虽然从资本构成看，国有资本控股公司已不再是纯国有企业，但国有资本仍对企业保持着控制力。因此，无论是社会公众、新闻媒体，还是党和国家的法规文件、领导人讲话，都将国有资本控股公司纳入国有企业的范畴。例如，国务院国资委履行出资人职责的中央企业大部分为股份制公司或拥有股份制公司的企业集团，但中央企业被视为典型的国有企业；中国工商银行、中国建设银行、中国银行、中国农业银行都已改制成为国有资本控股的股份制银行，但仍被称为国有金融机构。

第二，体现国有企业改革的方向。对传统意义上的国有企业进行股份制改造，并不是改变国有企业的公有制性质，而是把股份制作为公有制的实现形式。中共十五大报告指出："股份制是现代企业的一种资本组织形式，有利于所有权和经营权的分离，有利于提高企业和资本的运作效率，资本主义可以用，社会主义也可以用。不能笼统地说股份制是公有还是私有，关键看控股权掌握在谁手中。国家和集体控股，具有明显的公有性，有利于扩大公有资本的支配范围，增强公有制的主体作用。"十六大、十七大、十八大报告也都提出了推进国有企业股份制改革，探索公有制的多种有效形式的要求。2015 年，中共中央、国务院印发的《关于深化国有企业改革的指导意见》进一步提出："推进公司制股份制改革。加大集团层面公司制改革力度，积极引入各类投资者实现股权多元化，大力推动国有企业改制上市，创造条件实现集团公司整体上市。"可见，把国有资本控股作为国有企业的主要资本组织形式，是国有企业改革的方向。随着国有企业改革的深化，纯国有企业的数量还将进一步减少，国有资本控股公司将成为国有企业的主体。

第三，与国有资本控股公司的地位、职能、管理制度相适应。国有资本控股公司和国有独资公司、企业共同构成我国国民经济的支柱，体现国有经济的主体地位和主导作用。将纯国有企业改组为国有资本控制公司后，其经营管理国有资产的职责和承担的社会责任并没有改变。在人事管理上，国有资本控股公司的大部分经营管理人员仍作为国家公职人员进行管理。许多有关国有企业管理的政策、法律、法规，都将国有独资公司、企业与国有资本控股公司并列，适用相同的管理规定。如《国有企业领导人员廉洁从业若干规定》、《国有企业文件材料归档办法》、《国有企业法律顾问管理办法》、国务院国资委《关于规范国有企业职工持股、投资的意见》等规范性文件均规定适用于国有独资企业及国有资本控股企业。

第四，符合国际惯例。国际上对国有企业的界定大多采用国有资本控股说，但不同国家对国有企业中国有资本所占比例的要求有所不同。如韩国采用的是绝对控股说。韩国1984 年颁行的《国有企业管理法》第 2 条明文规定，国有企业包括政府投资和“政府投资达到或超过 50% 的企业”。而德国采用相对控股说。德国财政统计上将公共机构（联邦、州、镇等各级政府）拥有资本或多数投票权的企业划为公共企业，把政府参股达 25% 以上，其他股东均为小股东的大企业，视为国有企业。

从上面的分析可以看出，采用国有资本控股的形式运营国有企业，已经是大势所趋。如果对企业采取“国有企业”

与“非国有企业”二分法，那么，国有资本控股公司只能划入国有企业的范围。将国有资本控股公司称为非国有公司，无异于否定公有制经济在我国国民经济中的主体地位，显然是错误的。

最高人民法院的司法解释将国有资本控股公司排除在“国有公司、企业”之外，给司法实践带来了很多混乱。最明显的问题是，由国有资本控股公司内部任命的经营管理人员无法解释为国有公司工作人员，在这些人员涉及贪污贿赂犯罪时，其主体身份难以认定。2010 年发布的《最高人民法院、最高人民检察院关于办理国家出资企业中职务犯罪案件具体应用法律若干问题的意见》规定：“经国家机关、国有公司、企业、事业单位提名、推荐、任命、批准等，在国有控股、参股公司及其分支机构中从事公务的人员，应当认定为国家工作人员。具体的任命机构和程序，不影响国家工作人员的认定。经国家出资企业中负有管理、监督国有资产职责的组织批准或者研究决定，代表其在国有控股、参股公司及其分支机构中从事组织、领导、监督、经营、管理工作的人员，应当认定为国家工作人员。”这一规定试图将国家出资企业内部任命的管理人员解释为“国家机关、国有公司、企业、事业单位委派到非国有公司、从事公务的人员”。但是，“国家出资企业中负有管理、监督国有资产职责的组织”并非“国家机关、国有公司、企业、事业单位”，这样的解释显然是牵强的。

卡多佐曾经指出：“某些法律概念之所以有它们现在的形式，这几乎完全归功于历史，除了将它们视为历史的产物外，我们便无法理解它们。”① 刑法中“国有公司、企业”的界定只是这方面的一个例证。对于在社会发展中变化着的其他法律规则、法律概念，如刑法分则各罪名的定罪刑标准，也要适应社会的发展变化，作出符合时代需要的解释。如果采用僵化的、静止的观点对待法律，将过去形成的法律规则、法律概念当成僵死不变的教条，我们的司法就会阻碍历史的进步。

## 第三节　法律发展中的变与不变

法律有时候需要遵从习惯，有时候需要发展变化。那么，法律的变与不变又应当如何衡量和把握呢？关于在网

---

① ［美］本杰明·卡多佐著：《司法过程的性质》，苏力译，商务印书馆，第31页。

络上发布虚假信息是否构成寻衅滋事罪的讨论或许能说明这一问题。

在2013年9月之前，刑法、司法解释均没有明确规定在网络上发布虚假信息可以构成寻衅滋事罪。《最高人民法院、最高人民检察院关于办理利用信息网络实施诽谤等刑事案件适用法律若干问题的解释》第五条第二款规定：编造虚假信息，或者明知是编造的虚假信息，在信息网络上散布，或者组织、指使人员在信息网络上散布，起哄闹事，造成公共秩序严重混乱的，以寻衅滋事罪定罪处罚。对照刑法条文，可以发现，该规定把“在网络上发布虚假信息”解释为刑法第二百九十三条第一款第（四）项规定的“在公共场所起哄闹事，造成公共场所秩序严重混乱的”行为，它包含着三层意思：一、网络属于公共场所；二、编造虚假信息，或者明知是编造的虚假信息而散布，属于起哄闹事；三、公共秩序等于公共场所秩序。

这样的解释显然不是立法者制定刑法时的意思。1997年刑法制定时，互联网还不普及，立法者不可能考虑到在网络上发布虚假信息如何定性的问题。“两高”作出上述解释的主要理由是：“网络空间属于公共空间，网络秩序也是社会公共秩序的重要组成部分。随着信息技术的快速发展，信息网络与人们的现实生活已经融为一体，密不可分。维护社会公共秩序是全体网民的共同责任。一些不法分子利用信息网络恶意编造、散布虚假信息，起哄闹事，引发社会公共秩序严重混乱，具有相当的社会危害性，应以寻衅滋事罪追究刑事责任。”显然，“两高”认为，随着社会的发展，应当对寻衅滋事罪作出新的解释，使之适应打击网络犯罪的需要。

看起来，“两高”解释似乎也是在用历史的、发展的眼光看问题。但我以为，这是对历史解释方法的误用。能否将“在网络上发布虚假信息”解释为寻衅滋事罪，需要从几个方面进行把握：

第一，将“在网络上发布虚假信息”视为“在公共场所起哄闹事”是否具有社会基础？其关键在于，进入信息网络时代后，一般人对于“什么是公共场所”、“什么是起哄闹事”的观念是否发生了改变？把网络等同于车站、码头、商场、公园等具有物理空间的“公共场所”，把编造、传播虚假信息称为“起哄闹事”，是不是符合一般人的观念？换言之，信息网络社会是否赋予了“公共场所”、“起哄闹事”等概念以新的涵义？这一点应该是明显的。绝大多数人不会把虚拟的网络世界与具有物理空间的“公共场所”、把在网上大量发帖与在现实生活中高声喧哗“起哄闹事”混为一谈，正如同人们不会把网络游戏中的“杀人”视为现实生活中的杀人一样。

第二，“在网络上发布虚假信息”与“在公共场所起哄闹事”是否具有本质上的一致性？这一点也显而易见。在网络上发布虚假信息虽然具有一定的危害性，但它终究属于言论范畴，不会直接造成人身或财产损害，即使它会造成现实生活中的秩序混乱，从而危及人身或财产，这种损害也是间接的。而在公共场所起哄闹事会直接导致公共场所秩序混乱，并造成人身或财产损害。事实上，尽管在传统社会没有信息网络，但并非没有与“在网络上发布虚假信息”本质上一致的行为。例如，用张贴大字报、口口相传和报纸、书刊、广播、电视等传统媒体散布谣言，这种行为和在网络上发布虚假信息一样，都会引发社会混乱，但过去从未有过将此类行为定性为“在公共场所起哄闹事”的先例。在网络上发布虚假信息与采用传统方式发布虚假信息具有本质上的一致性，与“在公共场所起哄闹事”本质上并不一致。

第三，将“在网络上发布虚假信息”解释为寻衅滋事罪是否符合法条文义？这一点其实和前面两点密切相关。既然人们通常认为，网络与公共场所、发布虚假信息与起哄闹事不具有本质上的一致性，那么，“在网络上发布虚假信息”

就不能被“在公共场所起哄闹事”的文义所包含。退一步说，即便把“在网络上发布虚假信息”视同“在公共场所起哄闹事”，“在网络上发布虚假信息，造成公共秩序严重混乱”与法条规定的“在公共场所起哄闹事，造成公共场所秩序严重混乱”也不是一回事。法条中的前后两个“公共场所”含义显然是一致的，即在公共场所起哄闹事，造成该公共场所秩序严重混乱的，才构成寻衅滋事罪。“公共秩序”不能等同于“公共场所秩序”，公共秩序不一定是指某一场所的秩序，也可以是生产秩序、生活秩序等不限于特定场域的秩序。“两高”上述司法解释对于第五条第二款的“公共秩序”是指什么含糊其辞。如果是指网络以外的生产秩序、生活秩序等，那么，“在网络上发布虚假信息，造成公共秩序严重混乱”就是指在网络上起哄闹事，造成网络以外的公共秩序严重混乱，这与“在公共场所起哄闹事，造成公共场所秩序严重混乱”在文义上就不一致。如果“公共秩序”就是指“网络秩序”，那么，“在网络上发布虚假信息，造成公共秩序严重混乱”就是指在网络起哄闹事，造成网络秩序严重混乱。这虽然在文义上与法条一致，但在逻辑上却有问题。在网络上发布虚假信息造成网络秩序严重混乱，显然是指虚假信息被大量浏览或转发。但这不是虚假信息的主要危害，虚假信息的危害主要不在于网络秩序，而在于现实生活领域。能够危害网络秩序的信息也不仅限于虚假信息，其他的一些不良信息，如桃色新闻、非法广告、恶俗语言等，也会被大量浏览或转发，其对网络秩序的危害甚至比虚假信息更大。如果在网上发布虚假信息可以称为“在公共场所起哄闹事”，那么，在网上发布其他不良信息也应当称为“在公共场所起哄闹事”，没有理由把网络上的寻衅滋事犯罪限定在发布虚假信息。按照这种逻辑，寻衅滋事罪的范围就会被无限扩大。

第四，扩大寻衅滋事罪的适用范围是否符合刑法的发展趋势？对此，需要结合寻衅滋事罪的立法沿革进行分析。寻衅滋事罪是在1997年刑法修订时，由1979年刑法中的流氓罪分解而来。1979年《刑法》第一百六十条规定：“聚众斗殴，寻衅滋事，侮辱妇女或者进行其他流氓活动，破坏公共秩序，情节恶劣的，处七年以下有期徒刑、拘役或者管制。流氓集团的首要分子，处七年以上有期徒刑。”1983年，全国人大常委会发布的《关于严惩严重危害社会治安的犯罪分子的决定》把流氓罪的法定最高刑提高至死刑。由于流氓罪的罪状不明确，法定刑幅度过大，在司法中随意性很大，被称为“口袋罪”，导致了一些冤错案，于是，1997年刑法修订时将流氓罪分解为聚众斗殴罪、寻衅滋事罪、聚众淫乱罪等罪名，明确了分解后各罪名的构成要件，降低了法定刑。显然，对流氓罪进行分解的目的在于更准确地限定打击范围，防止司法权滥用，更好地保障人权。对寻衅滋事罪的适用也应当从这一精神出发，将其限制在1979年刑法规定的“寻衅滋事型流氓活动”的范围之内。构成寻衅滋事罪，主观上应当有公然藐视法纪和社会公德的流氓动机，应当符合一般人观念中的“流氓行为”。用这一标准衡量，在网络上发布虚假信息，行为人绝大多数不具有流氓动机，一般人很难把这种行为与“流氓”联系起来，即便适用1979年刑法，也无法以流氓罪定罪处罚，将其定性为寻衅滋事罪与刑法的发展趋势相违背。

值得注意的是，近年一些地方司法机关出于维稳需要，屡屡将寻衅滋事等罪名口袋化，寻衅滋事罪的适用范围从现实生活扩展到网络，又从网络谣言扩展到现实生活中的谣言，再从谣言扩展到一般言论，进而从言论扩展到上访、举报、维权等行为。而“两高”关于网络寻衅滋事罪的司法解释客观上助长了这种倾向。解释发布后，寻衅滋事罪的滥用有加剧的趋势，例如，张家川少年杨辉在网上发帖、记者刘虎在网上举报官员、江苏七名上访人员喝农药集体自杀，都曾被冠以“寻衅滋事”的罪名。这种做法是罪刑擅断的典型表现，与法治精神背道而驰。

我国立法机关一直对寻衅滋事罪的适用范围持严格控制态度。2011 年，《刑法修正案（八）》对寻衅滋事罪进行了修改，把“恐吓他人，情节恶劣”作为寻衅滋事罪的行为表现之一，但是，立法机关并没有把发布网络谣言规定为寻衅滋事罪。事实上，当时的互联网已十分普及，如果立法机关认为有必要把网络谣言纳入寻衅滋事罪的适用范围，完全可以在刑法修正案中作出规定，但立法机关没有作这样的规定。2015 年的《刑法修正案（九）》也只是将编造、故意传播虚假的险情、疫情、灾情、警情，严重扰乱社会秩序的行为增加规定为犯罪，而没有将发布网络谣言规定为寻衅滋事罪。应当说，立法机关的态度是克制的、审慎的，体现了法律的理性和刑法的谦抑精神。司法机关也应当有这种态度，在司法过程中充分展现司法理性，维护法治的基本原则和精神。

诚然，法律不能一成不变，但是法律的演变自有其规律，对法律规则、法律概念的改变应当根据社会的发展变化而水到渠成地推出，不能损害法律的稳定性和可预测性。法官需要审时度势、仔细权衡，把握法律中哪些是需要改变的，哪些是不能变的；哪些需要通过修改法律予以改变，哪些可以通过法律解释予以改变。为了一时的需要，割断历史、不顾社会实际情况而随意改变法律的含义是急功近利的短视行为。对于需要修改的法律，不推动法律的修改，而试图把一切新情况新问题都纳入旧有的法律体系框架中，其实也是一种僵化。

# Chapter 6
# 社会学解释：

## 预测社会效果，衡量社会目的

社会学解释，是指运用社会学的方法，通过对社会效果的预测和目的衡量，在法律条文可能的文义范围内阐释法律规范意义内容的一种法律解释方法。① 它不仅是确定法条文义的方法，也是在法律出现缺陷时，用以填补法律漏洞的方法。

在法律解释的各种方法中，社会学方法处于终极地位。卡多佐把司法的方法归结为四种，即哲学的方法、历史的方法、传统的方法和社会学方法："一个原则的指导力量也许可以沿着逻辑发展的路线起作用，我将称其为类推的规则或哲学的方法；这种力量也可以沿着历史发展的路线起作用，我将称其为进化的方法；它还可以沿着社区习惯的路线起作用，我将称其为传统的方法；最后，它还可以沿着正义、道德和社会福利、当时的社会风气的路线起作用，我将称其为社会学的方法。"② 卡多佐认为，在这四种方法中，社会学方

---

① 孙笑侠、夏立安主编：《法理学导论》，高等教育出版社 2004 年版，第 281 页。

② ［美］本杰明·卡多佐著：《司法过程的性质》，苏力译，商务印书馆 2003 年版，第 16 页。

法处于支配性地位："逻辑、历史和习惯都有它们的地位，当我们可能时，我们会影响法律使之符合它们，但只是在一定的限度之内。法律所服务的目的将支配所有这些方法。"①"当社会的需求要求这种解决办法而不是另一种的时候，这时，为追求其他更大的目的，我们就必须扭曲对称、忽略历史和牺牲习惯。"②"无论在哪个部门，这种方法都硕果累累，即使看起来它不占主导地位，也总是留作备用，它是另外两种方法之间的仲裁者，分析到最后，要由它决定选择什么方法；它掂量相互竞争的两种方法的主张，为它们的权利设定边界，对它们加以平衡、和缓和协调。"③

社会学方法意味着法律应满足社会需要，符合社会通行的正义与道德观念，以社会效果为检验标准。我们或许可以从几个关键词把握它的要义。

---

① [美] 本杰明·卡多佐著：《司法过程的性质》，苏力译，商务印书馆2003年版，第40页。

② [美] 本杰明·卡多佐著：《司法过程的性质》，苏力译，商务印书馆2003年版，第39页。

③ [美] 本杰明·卡多佐著：《司法过程的性质》，苏力译，商务印书馆2003年版，第60页。

## 第一节 目的与效果

卡多佐曾经指出："将法律的目的理解为如何决定法律生长的方向，这是耶林对法学理论的重大贡献，从社会学的方法中，这种理解找到了它的研究方法和研究工具。主要的问题并不是法律的起源，而是法律的目标。如果根本不知道道路会导向何方，我们就不可能智慧地选择路径。对于自己的职能，法官在心目中一定要总是保持这种目的论的理解。当然，这就意味着，普通法的法律哲学说到底就是实用主义的哲学。它的真理是相对的，而不是绝对的。那些作用良好的规则会获得一个为人们承认的权利证书。"①

这段话告诉我们：社会学方法首先是一种目的论的思维方法。法律本身不是目的，而是实现一定目的的手段，它应以服务社会为目的，促进社会发展繁荣，维护社会公平正义，增进社会公众福祉。因此，法官应当关注社会现实，解决社会问题，从社会中寻找法律问题的答案。目的论必定重视效

---

① ［美］本杰明·卡多佐著：《司法过程的性质》，苏力译，商务印书馆2003年版，第63页。

果衡量，把法律实施的效果作为衡量法律正确与否的标准，只有经实践检验有效的规则才能被确认为法律，经实践检验无效的规则应被舍弃。

与上述观点相对立的是概念法学的观点。概念法学认为，成文法典一旦制定出来即可自给自足。法典为人们的交往提供了普遍的结构，并足以解决各种各样的纠纷。法官只需根据适当的逻辑推理，就可以从现有的由概念构成的法律条文中得出正确的判决，而无需求助法律之外的东西，也无需考虑法律的目的、公平正义的观念和社会的实际需要。[①] 概念法学的思维常常表现为“法律就是法律”“恶法亦法”等观念，或以“有法必依”“独立审判，不受外来干预”的面貌出现。

就我国司法的实际情况而言，强调法律的目的与效用具有重要现实意义。虽然很多司法人员并不熟悉概念法学理论，但概念法学的思维方式却根深蒂固。只要法律与案件事实之间能够简单地对应，就予以适用，而不论法律的目的是什么、法律实施的效果如何。这种办案方式常常导致不符合社会实际的案件处理结果，也常常掩盖了概念分析中的逻

① 张文显：《二十世纪西方法哲学思潮研究》，法律出版社 1996 年版，第 129 页。

辑错误。例如，对于买卖气枪铅弹、仿真枪案件的处理，如果只是简单地适用司法解释、部门规章的规定，而不对刑法的立法精神、社会的实际状况进行深入考查，就难免会作出罪刑不相适应的判决，也很难发现司法解释、部门规章中的谬误。

对于用他人许可证进口限制进口的废物是否构成走私废物罪，我们也可以用社会学方法进行分析。

先对立法目的进行考查。刑法规定走私废物罪的目的，是防止禁止或限制进口的废物在没有海关监管的情况下偷运入境，对我国的环境造成危害。也就是说，走私废物罪的立法目的是将国家不允许进口的废物挡在国门之外。据此，采用绕关或瞒报、夹藏等方式通关将废物运输入境，无疑构成走私。但是，用他人许可证进口废物，废物的进口情况向海关作了申报，检验检疫部门也作了检查，进口的废物数量也在持有废物进口许可证企业的进口额度中扣减，进口的废物按规定应在许可证上载明的企业加工利用，加工利用企业应将废物加工利用情况向环保部门报告，并接受环保部门的监督检查。只要落实了这些规定，用他人许可证进口废物的风险是可控的。

再来看废物进口许可证制度的目的。国家对废物进口实行许可证管理，是因为，限制进口的可用作原料的废物是一种重要资源，又存在污染环境的风险，采用许可证管理的方式对可用作原料废物的进口实行定点加工利用，把废物进口资格赋予少数具有相应资质条件的废物加工利用企业，有利于实行统一管理，保证废物加工利用设施充分利用，控制废物进口的风险。这种制度显然不是说，凡不具有废物进口许可证的单位和个人，一律不得进口废物用作原料。实际上，具有废物进口许可证的企业通常不可能有足够的进口渠道把本企业取得的废物进口额度用完，而其他不具有废物进口许可证的企业却有进口废物用作原料的需要，因此，不具有相应资质的企业利用其他企业的许可证进口废物用作原料，反而是废物进口中的常态。只要进口的废物全部在许可证上载明的企业加工利用，由不具有相应资质的企业取得经无害化处理后的废物用作原料，这种进口方式并没有什么问题，符合废物进口许可证制度的目的。用他人许可证进口废物的危害表现在将进口废物非法倒卖、由不具有相应资质的企业加工利用的案件中。这种行为的危害并不体现在非法进口了废物，而体现在进口的废物没有在许可证上载明的企业加工利用，对环境造成了危害。对于用他人许可证进口的废物，没有必要将其挡在国门之外，而应当督促进口方将进口的废物在许可证上载明的企业加工利用。显然，将用他人许可证进口废物的行为定性为走私，并不符合立法目的。

接下来我们看看，将用他人许可证进口废物定性为走私，会产生什么样的效果。2011年的时候，我办理了第一起用他人许可证进口废物以走私废物罪定性的案件。在办理的过程中遇到了几个难题：

一是被告人没有走私废物的主观故意。被告人提出：他认为自己是正当做生意。他用有废物进口资质企业的许可证进口旧机器、废五金，利用持有许可证企业的场地进行拆解、清洗，再把经过清洗的五金进行分类，出售给他人。他所在的港口有很多个体经营者都做这个生意，从来没听说过这是走私。他进口的废五金都是正常向海关报关进口，并经过查验，没有逃避海关监管。我相信被告人说法的真实性。因为在接触这类案件之前，我也没有想到这类行为会被定性为走私。而且，被告人利用他人许可证进口废物的情况，是侦查人员向其调查低报价格进口废物逃税的事实时，被告人主动告诉侦查人员的。从笔录上看，被告人当时并没有意识到用他人许可证进口废物是违法行为。有人认为，被告人不知道自己的行为构成犯罪，不能成为不定罪的理由。但是，这种行为并不属于当事人对法律“无知”而触犯法律的情形，因为，将用他人许可证进口废物解释为走私废物，这是普通人无法预测的，属于法律的“不可知”。

二是打击面难以把握。如果将用他人许可证进口废物定性为走私，那么，将许可证出租、出借给他人的企业，为租、借许可证进口废物提供中介服务的外贸公司，明知他人租、借许可证进口废物而为其提供贷款、资金、账号、发票、证明或者为其提供运输、保管、邮寄或者其他方便的单位或个人，都属于走私废物的共犯。直接收购用他人许可证进口的废物，数量较大的，也应以走私废物罪论处。按照这种逻辑，几乎所有涉足废物进口行业的单位和个人，都应以走私废物罪进行刑事追究。但这样处理显然打击面过大，会造成大量企业倒闭，影响地方经济；受到追究的人员也会因自己毫无走私犯意而鸣冤叫屈，指责刑法的严酷和难以预测，造成不良的社会反响。如果只对废物的实际进口方予以追究，对其他共同行为人不予追究，则受到追究者难免会感到司法机关选择性执法，也不能取得好的社会效果。

三是量刑难以平衡。根据有关司法解释规定：走私国家限制进口的可用作原料的废物二十吨以上的，应当定罪处罚；一百吨以上的，处五年以上有期徒刑。这样的规定，对于采用绕关或瞒报、夹藏等方式走私进口废物的行为是适当的。

但是，用他人许可证进口废物，由于进口的废物是经向海关申报以正常贸易的形式进口，进口废物的数量往往多达数千吨，甚至上万吨，如果以走私废物罪的数量标准量刑，正常的刑期大部分应在十年以上。这样的量刑结果显然很难让人接受，于是，实践中对用他人许可证进口废物案件的量刑通常从轻把握，数千吨以上的案件大多在有期徒刑五六年左右量刑，如果有自首、立功等减轻处罚情节，则在五年以下处刑，多数宣告缓刑。由此带来的结果是，用他人许可证进口废物一百吨、一千吨、上万吨，都在五年左右处刑。这样的量刑很难平衡。

四是赃物处理难。按照有关规定，走私进口的废物应当作退运处理。但是，将用他人许可证进口的废物予以退运，实际上根本无法操作。而且，用他人许可证进口的废物是一种资源，经过加工处理后可以用作原料，进行退运显然是不经济的。赃物该怎样处理就成了难题。

上述问题最终都不了了之。到2013年，海关总署决定开展打击走私“洋垃圾”的“绿篱行动”，并下发了一个通知，认为对租用、借用他人许可证进口废物的行为应当以走私废物罪追究刑事责任，要求各地加强对此类案件的查处。我省部署了这项活动。但是，调查摸底的结果却让人大吃一惊。

初步立案查处的十多起案件，牵涉的企业就达四百多家，而且，全省一百七十余家具有废物进口和加工利用资质的企业都面临着被刑事追究的风险。显然，如果对所有参与租、借许可证进口废物活动的企业以走私废物罪进行刑事追究，会给经济造成重创。这一问题引起了政府的高度关注。后来经过协调，大部分此类案件被作无罪处理，只有少数几个案件起诉到了法院，法院对这类案件的量刑也大大轻于司法解释规定的量刑标准。这种处理方式并不能解决多少问题，直至“绿篱行动”结束，以租、借许可证方式非法倒卖进口废物的现象仍没有得到有效遏制。

在我看来，出现这样的结果是必然的。之所以出现以租、借许可证方式非法倒卖进口废物的现象，是因为进口废物的国内监管没有落实，将其作为走私犯罪予以打击，实际上是开错了“药方”。废物的国内监管应由环保部门负责，由海关处理废物国内监管问题，属于越俎代庖。海关除了采用刑事制裁手段外，没有其他措施堵塞监管漏洞，当然无法有效地解决问题。而且，将倒卖进口废物作为走私犯罪处理过于严厉，这样的规定注定无法落实。所谓“过犹不及”，正是这个道理。

实际上，非法倒卖进口废物的现象并非难以遏制。只要环保部门切实履行监管责任，对于一般的非法倒卖进口废物行为予以行政处罚，情节严重的移送司法机关以非法经营罪追究刑事责任，同时加强对废物加工利用企业的监管，堵塞管理漏洞，就可以在不影响经济发展的前提下，有效减少非法倒卖进口废物现象的发生。

对于这类问题，有些当事者反而看得更清楚。我在网上看到一段关于“绿篱行动”的评论：“关于文件内容全面检查的倒卖，资格审查呀，都是属于环保部管的，现在怎么海关也管上了，有证书的企业都是经过环保部32条标准考核通过，才有批文的，现在海关也要审查，两个管理规定部门让企业混淆了，不知道该怎么做了。”① 这段话虽然表述有些混乱，却也抓住了海关和环保部门职能混淆这一症结。由此看来，有关部门在制定法律法规，作出某项决策之前，深入基层做些调查，听听老百姓的声音，倒是很有必要的。

也许，有些人并不赞同我这样的分析，他们认为我的分析离题太远，法律实施的效果如何与法律本身没有什么关系。但我以为，如果一项法律规定的实施产生了一系列的不良后果，那一定是对法律的理解出了问题。如果法官只注重逻辑

① 参见互动百科：绿篱行动，http：//www. baike. com/wiki/绿篱行动，访问日期2015年12月4日。

与概念分析，那就难免误入歧途，迷失在语言文字的陷阱之中。无论是法官，还是法学者，都不应成为书斋或办公室里的“法律专家”，学习法律的工夫在法外，只有深入社会，以亲历者的视角去理解和感受法律，才能领悟法的真义。

## 第二节　社会福利

社会福利是卡多佐提出的概念。他指出：“法律的终极原因是社会的福利。”① “我们的任务就是去发现这种社会福利。”② “社会福利是一个很宽泛的术语。我用它来涵盖许多性质上或多或少有所联系的概念。它可以指人们通常所说的公共政策，集体组织的善。在这类案件中，社会福利所要求的经常仅仅是便利或审慎。而另一方面，它也可以指由于坚守正确行为的标准——这在社区风气中得以表现——而带来的社会收益。在这类案件中，社会福利的要求就是宗教的要

① ［美］本杰明·卡多佐著：《司法过程的性质》，苏力译，商务印书馆2003年版，第39页。

② ［美］本杰明·卡多佐著：《司法过程的性质》，苏力译，商务印书馆2003年版，第40页。

求、伦理的要求或社会正义感的要求。”①

社会学方法把社会福利作为法律的目标。它体现了社会本位的思想，强调社会利益、国家利益和多数人利益，主张为社会整体利益而对个体利益实行必要的限制，个体利益服从社会整体利益；但这并不意味着可以漠视少数人利益、个体利益，尊重少数人和每一个体的正当利益，恰恰有利于激发社会活力，符合社会整体利益。强调社会福利也并不意味着陷于冷冰冰的利益算计，而忽略公平正义等价值追求，尊重人类的基本价值和道德信仰有助于促进社会和谐，增强人们的幸福感，对整个社会也是有利的。社会福利也并不是仅考虑某一方面的利益或价值，而是要在整体利益、局部利益、个体利益、短期利益、长远利益和公正、效率、秩序、安全、自由等诸多利益和价值之间进行衡量，实现社会利益的最大化。

法官应当把法律适用视为一个利益衡量的过程。仍以买卖气枪铅弹案件为例。法官需要衡量，将气枪铅弹定性为弹药是否对社会有利？

从最表面的效果看，将气枪铅弹作为弹药予以严格管制，可以减少利用气枪铅弹实施犯罪的案件发生，维护公共安全。

---

① ［美］本杰明·卡多佐著：《司法过程的性质》，苏力译，商务印书馆 2003 年版，第 43 页。

但实际上，利用气枪铅弹实施的犯罪案件极少发生，对气枪铅弹严格管制所带来的公共安全利益极其有限。将气枪铅弹定性为弹药，还会产生以下后果：

一、大部分非法买卖、持有、运输、储藏、邮寄、走私气枪铅弹案件被作为刑事案件处理，相对于采用治安处罚手段处理此类案件，需要投入更多的追诉和审判成本；而且，由于此类案件较为特殊，司法机关需要更多的沟通协调，有的案件需层报最高人民法院核准在法定刑以下判处刑罚，需要消耗大量司法资源。

二、由于司法资源是有限的，当司法机关把大量的人力物力资源用于查处气枪铅弹案件的时候，必然会削弱对真正危害严重的涉枪涉爆案件的查处。我国对涉枪涉爆案件的查处一直保持着高压态势，但近年来，重大的涉枪、爆炸案件却屡屡发生，这也许和我们的司法机关把太多精力放在诸如气枪铅弹、玩具枪之类的小案件查处上不无关系。

三、根据气枪铅弹案件涉案人员的主观恶性和社会危害性，一般无需关押，但有不少人却被判处重刑。将这些人长期关押无疑会增加监狱的监管改造成本。而且，这些人本可以在社会上创造财富，被关押后却成了社会负担，他们的家庭幸福也受到影响，这些都不利于经济发展和社会繁荣。

四、涉气枪铅弹案件的处理常常会使当事人及其亲属感到法律的严苛与不公，从而引发申诉、信访和负面舆情，损害法律的权威，增加政府的维稳压力。也有的人会因这类案件而对法律、对政府、对司法机关失去信任，甚至站在体制的对立面。

可见，将气枪铅弹定性为弹药给社会带来的损害远远大于利益。不难得出气枪铅弹不应定性为弹药的结论。我们也可以用同样的方法对玩具枪是否应认定为枪支，伪报价格进出口逃税是否应定性为走私，散布网络谣言是否构成寻衅滋事等问题进行分析，得出最有利于社会的结论。

进行利益衡量，不能只看短期利益，更应注重长远利益。例如，将伪报价格进出口逃税定性为走私，从短期看，似乎有利于吓阻伪报价格进出口逃税，减少国家税款损失，但从长远看，却会导致很多企业倒闭，减少国家税源，还会使进出口贸易额下降，从而给国家造成更大的税收损失。

进行利益衡量，还应当在不同的法律价值之间进行考量。例如，对于过去的司法实践中普遍遵循的一项司法解释规定，如果法官认为其不合理或已过时，在审判中可不可以突破该项规定？对此，法官需要在公平正义与保持司法的稳定性之间进行衡量。当适用司法解释将带来明显的不公正时，法官需要牺牲司法的稳定性，突破不合理或已过时的规定。如果适用司法解释造成的不公正尚不明显，法官应考虑与过去的判决保持一致。

有的司法人员在考虑利益问题时，不是以社会福利为出发点，而是把单位、个人利益作为衡量标准。例如，对于某些需要纠正的错案，考虑到办案单位的威信可能受损、国家需要赔偿、原办案人员的业绩考核会受影响，因而拒绝纠错。这显然是错误的，并非利益衡量理论的本意。

利益衡量是一个复杂的思维过程。在不同的案件中，利益衡量的内容也是不同的。也许我们无法用一个固定的程式准确地对利益衡量的过程进行描述，但是，在大多数案件中，只要法官以社会福利为出发点，本着自己的理性和良知进行判断，就能够找到最有利于社会的案件处理方案。

## 第三节　社会理性

法官进行目的或效果考量的时候，应立足于何种角度进行考查？是以自己的价值观念为标准，还是应以社会通行的价值观念为标准？显然，应当以后者为标准。卡多佐指出：

“一个法官如果打算将他自己的行为癖好或信仰癖好作为一个生活规则强加给这个社区的话，那么他就错了。……我自己的观点是，他有义务服从人们已经接受的这个社区的标准，服从这个时期的道德风气。”① 法官需要考查社会通行的价值观念、道德信仰、风俗习惯、思维方式等等，使自己的判断符合社会通行的正义与道德观念。这些社会通行的观念，不妨称之为社会理性。

长期在机关工作的法官，其思想观念、思维方式常常与社会上的普通人产生疏离。普通人觉得不合理之事，法官却见怪不怪、习以为常。要克服这种现象，法官需加强与社会的沟通，倾听来自各方面的意见，把社会理性融入职业思维当中。

首先要认真对待当事人的意见。当事人陈述具有两面性：一方面，当事人与案件有直接利害关系，极有可能在陈述中夸大于己有利的事实，隐瞒不利的事实；另一方面，当事人是案件的亲历者，往往对案件有着他人难以替代的认识和体验，能够提供有价值的案件线索。不少法官只注意到前一个方面，担心被当事人牵着鼻子走，对当事人的任何陈述都事

---

① ［美］本杰明·卡多佐著：《司法过程的性质》，苏力译，商务印书馆2003年版，第67页。

先打上一个问号，主观臆断地加以否定。这种做法是错误的。法律规定当事人有陈述、举证、辩论的权利，就是要求法官认真地对待当事人的意见。在刑事案件中，根据无罪推定的原则，对于被告人的辩解，法官应先假定其为真，再通过事实调查和证据审查排除不实的辩解，对无法排除的辩解应推定其成立。事实上，我们常常可以从被告人的辩解中发现一些有价值的意见。例如，我在办理伪报价格走私普通货物案件中，常常听被告人提出：在进出口货物过程中低报价格逃税，在他所从事的行业中普遍这么做，他不知道这属于走私，有的台商还提出，这类行为在台湾不属于走私，只要补税或行政处罚就可以了。从后来了解的情况看，被告人所说并非假话。假如我们在每一个案件中都能认真对待被告人的辩解，应该可以避免许多冤错案的发生。

其次要体察社情民意。法官要了解普通人的所思所想，对于每一个法律问题，都要知道普通人对此是怎么认识的，考虑普通人的预测可能性，尊重普通人的道德与正义观念。对社情民意的了解可以来源于日常生活，也可以来源于实地调查，还可以来源于网络等媒体。事实上，多数法律知识并非只为法律专业人员所专有，在普通人的观念中，我们也可以发现关于法律问题的真知灼见。例如，关于气枪铅弹应否视为弹药问题，我在网络论坛上看到这样一段评论：

“铅弹就其特征而言，只是一个将金属物体经过物理加工，使之成为一定规格的类似蘑菇形态的一个小金属颗粒而已，选用日常生活中常见的金属铅作为原材料，其本身没有任何放射性，腐蚀性，爆破性等等任何可能独立危害社会的成分。与军用弹药，爆炸物相比，无论是原理，还是威力都不属于一个类别。因为军用子弹，爆炸物是利用其自身的火药爆发力产生作用的，其本身就是危险品。

……如果使用铜、铁、铝、锡做成气枪子弹，形状一样，那这些子弹是否一样属于弹药，如果属于弹药，法律依据何在？现行法律可是只规定了铅弹达到多少数量构成犯罪啊。或者将子弹做成其他的形状（比如圆珠子），不在包装上面写上‘气枪子弹’的字样，那当如何认定？现在国内就有了进口的尖头铜弹。

我们知道 A1000，A1000 也是采用压缩气体作为动力的，发射的也是金属弹丸，杀伤力起码比三箭气枪大，显然 A1000 应该属于气枪，自然也应属于枪，按照立法者的逻辑，枪发射的子弹自然应该属于弹药，那么结论：6mm 的钢珠属于弹药，因此，未经批准，非法制造，买卖，运输，储存，邮寄 6mm 钢珠的，是犯罪行为。犯本罪的，处 3 年以上 10

年以下有期徒刑，情节严重的，处 10 年以上有期徒刑，无期徒刑或者死刑。”①

上述文字应当是普通人所写。但是，平心而论，他对气枪铅弹问题的分析要比很多专业人员深刻、透彻得多。法官不能为专业思维所束缚，而应放眼社会，从民间汲取智慧，司法才会展现出勃勃生机。

再次是要重视专业意见。虽然案件的裁判权在法官手中，但是，其他的专业人员，如律师、法学者、检察人员、侦查人员的法律见识未必低于法官，即使他们的观点片面，也未必全无合理之处。法官应当虚怀若谷，充分听取其他专业人员的意见。专业人员的意见也常常不一致。当专业意见出现分歧时，一般应当采纳通说。“所谓法学通说，是指针对现行法律框架中某一具体法律适用问题，学术界和司法界人士经过一段时间的法律商讨而逐渐形成的，由多数法律人所持有的关于法规范解释和适用的法律意见。”② 通说具有法规范

① 参见中华论坛：《关于气枪与气枪铅弹的威力与给社会带来的危害》。中华网，http：//club. china. com/data/thread/1011/2734/30/39/4_ 1. html，访问日期：2015 年 12 月 11 日。

② 黄卉：《论法学通说》，中国法学创新网，http：//www. lawinnovation. com/html/cxwx/98416415691310. shtml，访问日期：2015 年 12 月 11 日。

的作用，在法律不明确的情况下，多数法学者会按通说作出解释，普通人也会按通说理解法律。例如，走私是逃避海关监管的行为。通说认为，逃避海关监管，是指“采用藏匿、隐瞒、伪报等方式蒙混过关，或者从不设关的国（边）境上进出绕关，躲避海关监督、管理和检查”。[①] 根据通说，伪报价格逃税、采用买卖进出口许可证的方式进出口限制进出口货物不属于逃避海关监管。如果我们的司法人员都能尊重通说，就不会出现“上访敲诈勒索”、“网络造谣寻衅滋事”之类的奇奇怪怪的解释。

最后要借鉴其他国家、地区的经验。世界上不同的国家、地区虽然有制度和文化差异，但在国家治理和法律制度建设方面仍有共同的规律可循，值得相互借鉴。如果我们的一项法律标准与其他国家、地区有重大差异，又找不出合理的根据，则需要进行反思。例如，在我国台湾地区，气枪铅弹属于文化运动用品，不属于弹药，可以自由买卖；枪支杀伤力的标准确定为发射动能达到 20 焦耳/平方厘米以上，远远高于大陆地区现行的 1.8 焦耳/平方厘米的标准。对于伪报价格进出口逃税行为，多数国家和地区采取行政处罚措施，而不

---

① 高明暄、马克昌主编：《刑法学》，北京大学出版社、高等教育出版社 2000 年 10 月版，第 398 页。

是认定为刑事犯罪。对于这些差异，我们需要检视，哪种规定更为合理？我们的法律有没有需要改进的地方？有些人总是以“国情”不同为由拒斥外来经验。但是，“国情”差异究竟体现在什么地方？我国法律标准与他国不同的“国情”依据在哪里？我国与他国的法律差异会不会成为进行国际交流与合作的障碍？如果不能回答这些问题，“国情”论就只不过是一种苍白无力的借口罢了。

总之，法律不是脱离社会现实而存在的抽象概念体系，不是永恒不变的模式或教条，而是因社会的现实需要而产生，是实现社会福利的手段。法官应当从活生生的社会生活中探寻司法正义，根据社会现实需要推动法律的完善，让法律真正造福于人类。

# Chapter 7

# 法律的成长

“法律必须稳定，但又不能静止不变。”① 如果法律朝令夕改、变化无常，则无法被人们所理解、所预测，与没有法律无异。如果法律僵化而静止，则无法适应社会的发展变化，将成为社会进步的绊脚石。“法律的成长”是卡多佐在耶鲁大学法学院一次著名演讲的主题，他提出：“我们时代的法律面临着双重需要：首先是需要某些重述。这些重述从先例的荒漠中找出法律的确定性和有序性。这正是法律科学的任务；其次是需要一种哲学，它将调和稳定与进步这两种冲突的主张，并提供一种法律成长的原则。”② “法律的成长”也是当今中国法治建设中的重要问题。

我国的法律有它自己的成长机制，那就是：立法机关制定法律，最高司法机关制定司法解释，法官执行法律、司法解释，立法机关、最高司法机关根据法律实施中发现的问题和社会发展变化修改法律、司法解释，法官再执行修改后的

---

① ［美］罗斯科·庞德著：《法律史解释》，邓正来译，中国法制出版社 2002 年版，第 2 页。

② ［美］本杰明·N·卡多佐著：《法律的成长·法律科学的悖论》，董炯、彭冰译，中国法制出版社 2002 年版，第 4 页。

法律、司法解释……如此循环往复。

但是，这种法律成长机制存在明显的弊端：

第一，由专门机关制定法律和司法解释，容易导致法律、司法解释与社会现实脱节。虽然法律、司法解释的制定者在起草法律、司法解释过程中会开展一些调查研究、分析论证，征求各方意见，但是，起草者毕竟不从事相关的实际工作，不能获取来自社会基层和司法实践的感性经验和第一手资料，难以及时、充分地了解社会需求和现实生活中存在的问题，在法律、司法解释中出现不完善、不周详之处也在所难免。

第二，法官无权对法律进行解释，导致机械司法盛行。法律、司法解释一经制定，其含义就僵化了，除了法律、司法解释的制定者，没有人可以对法律、司法解释进行补充和修改。即使法律、司法解释有错误，法官也必须执行。于是，我们就不难理解，为什么法官在遇到法律规定不明确的问题时，会感到束手无策；为什么对于气枪铅弹等明显不合理的司法解释，法官也不折不扣地执行。

第三，立法与司法之间缺乏互动，法官不能推进法律的成长。对于不合理的法律和司法解释，法官在司法过程中无权提出质疑和修改完善建议，只能在审判工作之外向上级机关反映。而向上级机关反映法律、司法解释中存在的问题并非法官的法定职责，法律、司法解释制定机关对反映的问题也没有反馈的义务。因此，很少有法官会经常地向上级机关提出法律、司法解释的修改完善建议，法律的成长过程几乎没有法官参与。在这种情况下，法律、司法解释制定机关很难及时发现法律、司法解释存在哪些问题。于是，我们也不难理解，为什么有些不合理或过时的法律、司法解释规定历经十余年而没有修改；为什么许多在司法实践中有重大争议的问题不能及时引起法律、司法解释制定机关的关注和回应。

第四，法律、司法解释的修改常常导致裁判标准的剧烈变化，损害司法的稳定性。由于不合理的法律、司法解释不能及时修改，进行修改时，往往积累的问题已相当严重，修改前后的裁判标准差异巨大。同样的案件，在法律、司法解释修改前后的裁判结果大不相同。例如，在2014年9月《最高人民法院、最高人民检察院关于办理走私刑事案件适用法律若干问题的解释》发布以前，走私普通货物偷逃应缴税额50万元，应处十年以上有期徒刑；在该解释发布之后，只需判处三年有期徒刑。这难免会让人们感到法律的无常和不公。

在这种法律成长机制下，概念法学、法条主义必然成为司法哲学的主流，成为司法的正式规则，任何试图突破法律和司法解释规定、创造性适用法律的思想都会遭到排斥。于是，在“法律至上”“严格执法”“有法必依”等口号下，一些不合理、过时的法律和司法解释被司法人员视为金科玉律，在司法实践中得以执行，损害着司法的公平正义。

但是，另一方面，这种机械、僵化的司法理念又不可能贯彻到底。实践中总会有大量的法律空白需要司法人员去填补，会有一些规则需要根据具体情况灵活地加以适用。于是，另一种司法理念应运而生，这就是我称之为“机会主义”的司法倾向。这种倾向的主要特点是：不强调法律的严格适用和裁判标准的前后一致，通过裁剪事实、模糊某些法律规定，对案件作灵活变通处理，以求得息事宁人的社会效果。机会主义在司法实践中通常是只做不说，不形成正式的制度，属于司法中的非正式规则。

在买卖气枪铅弹、走私象牙、用他人许可证进口废物等案件的处理过程中，有的法院觉得严格适用司法解释的规定难以被公众接受，会引发申诉信访，就采取了这种灵活变通的处理方式。常见的变通方法有：放宽自首、立功、从犯等减轻处罚情节的认定标准，将本不构成自首、立功、从犯的行为认定为自首、立功、从犯；在适用减轻处罚时，对被告人给予超常规的大幅度减轻处罚；对犯罪数量尽可能就低认定；模糊案件定性；① 以具有特殊情况为由在法定刑以下判处刑罚，报最高人民法院核准。

从个案和短期效果看，这种灵活变通的处理方式能够取得好的效果。但从长远看，这种做法显然存在不少弊端：首先，它破坏了法律的稳定性，法律规则在个案中被随意地曲解，损害法律的严肃性和权威性，动摇人们对司法的信任。其次，它既没有对不合理的裁判规则作出修正，也没有为今后同类案件的处理创制出新的裁判规则，对司法经验传承和法律的成长毫无益处。再次，它赋予了法官很大的自由裁量权，使得法院的裁判结果具有很强的不确定性，给外部力量干预司法提供了可乘之机，从而损害司法独立，诱发司法腐败。

我们不难发现，法条主义与机会主义这两种司法倾向之间存在着相伴相生的关系。法条主义过于僵化，无法妥善处理某些特殊案件，因而需要灵活变通的机会主义加以协调；而机会主义在灵活处理案件的同时，并没有公开否定法条的效力，使法条主义倾向得以维持。但是，法条主义在维护法

① 如浙江省高级人民法院、浙江省人民检察院、浙江省公安厅就于 2010 年联合下发了《关于涉气枪铅弹刑事案件的会议纪要》，规定：对于为了玩乐购买气枪铅弹的，构成犯罪的，以非法持有弹药罪定罪处罚，改变了原来对此类行为以非法买卖弹药罪定性的做法。

律稳定性的同时也维护了法律的缺陷，是一种伪劣的稳定性；机会主义在强调灵活性的同时，也抛弃了法治原则，没有推动法律的进步。这两种倾向都未能协调好法律稳定与进步的关系。

现在，我们需要做的是：跳出法条主义与机会主义的窠臼，寻找能够使法律健康成长的第三条道路。这条道路既要能维持法律的基本稳定，又能推动法律的完善进步。为实现这一目标，有必要在我国引入判例制度。判例制度以遵循先例为原则，有利于统一法律适用尺度，避免对法律的任意解释，维护法律的稳定性；另一方面，判例制度又允许法官在司法过程中创制新的裁判规则，根据社会的发展变化对法律作出新的解释，使法律不断完善进步。

人们通常认为，判例制度是英美法系的专利。但实际上，在当今的大陆法系国家，先例的作用也日益加强。“例如法国经常公布发表重要的案例，并且加以研究和评论，每年修订一次的法国法典也会引用若干有影响的案例。在德国，先例的重要性则更加显著。第一，德国联邦宪法法院的判决，其约束力超越与案的当事人，并对联邦及州等宪法机构也具有法律效力，与传统的大陆法的原则大相悖异。第二，在其他领域，德国法承认，从某些所谓‘有指导性的案例’，可以引申出新的法律原则。再加之，下级法院不得随意偏离有一系列联邦法院案例支持的法律原则。第三，当联邦法院中的一个审判庭，可能偏离另一个审判庭以前的判决时，前者必须将有争议的法律问题提交大审判庭，大法庭再以特别裁定作出决定。这些都说明了先例在德国法中举足轻重的作用。"①

在我国，最高人民法院于 2010 年 11 月发布了《关于案例指导工作的规定》，建立了案例指导制度。这显然也是在借鉴判例制度。但是，我国的案例指导制度在设计理念上过分强调与判例制度的区别，影响了其功效发挥。

首先，在指导性案例的选择上，案例指导制度强调"少而精"，选取疑难、复杂、新类型的成功审判案例，这使得能够成为指导性案例的案件极少，在数量上远远不能满足指导审判实践的需要。自 2010 年至 2015 年，最高人民法院仅发布了 10 批 52 件指导性案例，相对于全国法院审理的数以百万计的案件而言，这无异于沧海一粟，无法对大多数案件的审判起到指导作用。

其次，案例指导制度未确立遵循先例原则。《关于案例

---

① 宋冰编：《读本：美国与德国的司法制度与司法程序》，中国政法大学出版社 1999 年版，第 7 页。

指导工作的规定》第七条规定："最高人民法院发布的指导性案例，各级人民法院审判类似案例时应当参照。""应当参照"意味着指导性案例不是正式法源，不具有法律约束力。因此，指导性案例并没有像司法解释一样，在司法实践中受到足够的重视，很多法官并不知道最高人民法院发布了哪些指导性案例，更谈不上遵循先例。事实上，由于指导性案例的数量极少，法院审理的大多数案件也并无先例可循。

最后，案例指导制度不承认"法官造法"。指导性案例的裁判要旨被认为是对法律的解释，而不是"法官造法"。这意味着指导性案例的形成过程仍然是对法律机械适用的过程。对于法律规定不明确之处，法官不能填补法律空白；对于不合理的法律、司法解释规定和先例，法官无权突破。这样的制度无助于法律的完善进步。

我们不难看出，即使与大陆法系国家的判例相比，我国指导性案例的重要性和实际效力也有很大差距，不可能承担起协调法律稳定与进步的重任。我们需要对指导性案例制度作进一步改造，吸收判例制度的精华，使之成为中国式的判例制度。

在制度设计上，需要解决好以下几个问题：

**一、建立基础判例库**

如果一年只发布几个判例，那么，我们的判例制作将永远跟不上案件的发展变化。法院需要在较短的时间内发布大量的判例，为判例大厦的建立打好基础。判例的选择不应追求新、奇、难。法院审理的百分之九十以上的案件是可以批量复制的常规案件，判例制度首先要为这些案件的审理提供样板。因此，判例的覆盖面要广。凡没有先例可循，可以作为今后同类案件裁判标准的案件，均应编制为判例。

例如，对于盗窃案件，应选取各种类型的盗窃案件，如入户盗窃、多次盗窃、扒窃、盗窃数额较大、数额巨大、数额特别巨大、应处无期徒刑的盗窃、共同盗窃、盗窃累犯、未成年人盗窃、亲属间盗窃，等等，编写成上百个判例，使绝大多数盗窃案件的审判都能从判例库中找到对应的模板。同样，对于抢劫、诈骗、故意杀人、故意伤害等案件，也应当有数十个、上百个判例，为不同事实、情节案件的审判提供详尽、明确的指引。

判例不仅可以用来规范定性，还可以用来规范量刑。近年来，法院推行了量刑规范化改革，发布了《关于常见犯罪的量刑指导意见》。但是，用抽象的文件来规范形形色色的案件量刑，难以取得好的效果。应当将运用量刑规则的过程制作成判例，用判例来指引同类案件的量刑。

不仅实体法的适用可以编制判例，程序法的适用也可以编制判例。什么样的案件应当受理、什么样的案件不应受理；法官具有何种情形应当回避；何种情况下证人可以不出庭作证；什么样的证据应当作为非法证据予以排除；不同的民事案件中举证责任如何分配；什么是排除合理怀疑的证明标准等等，都应当用判例加以规范。

只有判例库的内容足够丰富，能够涵盖审判实践中的绝大部分法律适用问题，使绝大多数案件的审判都能从判例库中找到对应的模板，才能实现法律适用标准的相对统一。

## 二、确立遵循先例原则

遵循先例是判例制度的基本原则。没有对先例的遵循，判例的规范、指引作用就不能得到有效发挥，即使有了判例，也是有名无实。因此，必须确立遵循先例原则。对于有先例可循的案件，法官若没有充分理由推翻先例，就应当遵循先例裁判，做到同案同判；对于无先例可循的案件，法官应当为以后处理同类案件确立裁判规则，使判决成为后来者的先例。任何“特殊情况特殊处理”、“下不为例”的处理方式都应当摒弃。

有人认为“同案同判”的要求不切实际，因为世界上没有两个案件是完全相同的。这种观点过于吹毛求疵。所谓“同案”，并不是指两个案件完全相同，而是指两个案件中影响处理结果的要素没有质的差别。例如，一起临时起意一次盗窃五万元，没有法定从重或从轻处罚情节的案件，与一起临时起意一次盗窃五万一千元，没有法定从重或从轻处罚情节的案件，应当认为是相同案件。“同案”有时也用来指两个案件的某一要素相同。例如，发生于不同时间、地点的利用自动取款机故障盗窃银行资金的案件，可以称为“同案”。对于这类案件中的相同要素，在定罪量刑时应当作相同的考量。“同案同判”还意味着相似案件之间的某一要素存在差别时，应当区别对待，由此可以引申出“举重以明轻”、“举轻以明重”等规则。例如，先例对一起盗窃数额为十万元的案件判处有期徒刑五年，对于盗窃数额在十万元以下、其他情节相同的案件就应在有期徒刑五年以下量刑；对于盗窃数额在十万元以上、其他情节相同的案件就应在有期徒刑五年以上量刑。

因此，并非世界上没有相同的案件，情形恰恰相反，每一个案件都可以从以前或以后发生的案件中找到共同点。遵循先例并不只是从先例中找出相同的案件，然后简单地加以复制；还要从先例中抽象出裁判规则，适用于具有相同要素的案件，或运用类比方法推理出新的裁判规则，适用于类似的案件。

## 三、判例的发展

判例库的建立不是一劳永逸的过程，判例也会出现错误，会僵化、过时，需要随着社会的变化而不断地发展完善。法官审判案件应以遵循先例为原则，当无先例可循或适用先例明显不适当时，则应当创制新的判例。创制判例有利于发挥法官的裁判智慧，增强法官的责任心，及时解决审判实践中的新情况新问题，总结、推广审判经验，减少司法中的混乱。当前，我们审判实践中出现的很多问题可以用创制判例的方法来解决。

首先，可以用判例明确新类型案件的法律适用标准。例如，前文曾提及的走私木炭案、走私珍稀植物案，审理时均属全省首例，法律、司法解释对这类案件的定罪量刑标准没有明确规定。在过去的司法实践中，这类案件通常由审理的法院作为特殊个案处理，并不解决案件的裁判标准问题。以后遇到同类案件，裁判标准仍然不明确，不同法院的裁判尺度也难以统一。较为理想的解决办法是：审理的法院将该案判决作为判例逐级层报至最高人民法院审核，最高人民法院可以确认下级法院的判决为判例，或者对下级法院的判决作出改判，将改判后的判决作为判例，从而统一该类案件的裁判尺度。这种处理方式能够促使法官认真对待新类型案件，减少法律适用错误。例如，如果某位法官认为在网络上发布谣言构成寻衅滋事罪，就要将其制作成判例，报最高人民法院审核，那么，他在作出判决时就会更加谨慎，不至于随意编织裁判理由。

其次，可以用判例纠正错误的司法解释和先例。例如，对于涉气枪铅弹案件，很多法官认为最高人民法院司法解释的规定不合理，但按照过去的通行做法，只能机械执行司法解释规定或采用灵活变通方式作个案处理，这导致错误的司法解释长期得不到纠正。更为理想的解决办法是：审理案件的法院在判决中充分阐述理由，指出司法解释的错误之处，提出新的裁判标准，并将判决作为判例报最高人民法院审核。如果最高人民法院认为下级法院的判决正确，则应确认该判例；如果认为下级法院的判决错误，则应在充分阐述理由的基础上作出改判。同样，对于虚开增值税专用发票等案件，也可以用这种方法及时修正过时的司法解释规定，而不必等到最高人民法院出台新的司法解释后再废止过时的裁判标准。

最后，可以用判例适应法律、司法解释的调整变化。例如，2015 年 11 月 1 日起施行的《刑法修正案（九）》修改了贪污罪、受贿罪的处罚规定，过去的处罚标准显然已无法适用。在关于贪污贿赂案件的新司法解释出台之前，对贪污、受贿案件的处理处于无章可循状态。有的法院采取观望态度，等待新的处罚标准出台；也有不同的法院按不同的裁判尺度作出了判决。为尽早结束法律调整过渡期的混乱现象，各地法院应按自己对法律的理解作出判决，并作为判例报最高人民法院审核，由最高人民法院通过判例统一裁判尺度。法律、司法解释对某一类案件裁判标准的调整还会引起连锁反应。例如，贪污罪、受贿罪的定罪量刑标准调整后，职务侵占罪、非国家人员受贿罪、盗窃罪等的定罪量刑标准也需要作相应调整。这时，法官们不应消极等待相关法律、司法解释的修改，而应当通过制作判例推动相关裁判标准的调整。

总之，判例在法律的成长中具有无可替代的作用，如果不能通过判例推动法律的完善进步，那么，法院、法官将置身于社会发展变化的洪流之中而茫然无措，僵化的法律、司法也终将受到历史的无情嘲弄。

不过，建立判例制度并非一件轻而易举的事情。难免有人会对我国能否实行判例制度产生疑虑。但如果就此断言“此路不通”，则显得过于轻率和武断。现在，我们需要消除这些疑虑，在引进判例制度的道路上少些彷徨、少些犹豫。

疑虑之一：“法官造法”会不会导致法官滥用权力?

有人认为，“法官造法”将导致司法与立法不分，司法权侵犯立法权。但是，即使在实行“三权分立”的国家，立法、行政、司法之间的界限也并非绝对地泾渭分明。英美法系明确承认“法官造法”；大陆法系国家的法官也在解释法律的名义下，创造性地适用法律，法官对法律的解释也具有“造法”的性质。现代国家还存在大量的行政立法现象，但很少有人指责这是行政权对立法权的侵犯。因此，立法、行政、司法的权力划分，关键是看怎样才有利于国家治理，并没有一成不变的教条。而且，“法官造法”与立法机关的制定法之间并非毫无区分。制定法为人们提供行为规范，设定权利和义务，而“法官造法”的作用在于明确权利与义务的边界，澄清法律的模糊之处，解决法条之间的矛盾，填补法律漏洞，它是在法律的空隙处立法。“法官造法”不能为人们设定新的权利义务，也不能创制新的罪名，不会造成对立法权的侵犯。

还有人担心，“法官造法”会导致法官随意解释法律，产生司法不公。但实际上，“法官造法”和法官随意解释法律之间并没有必然因果关系。即使禁止“法官造法”，法律仍然需要由法官解释，就会有随意解释法律的现象。在过去，我国一直禁止“法官造法”，但“司法任性”的问题仍然十分突出，“同案不同判”现象大量存在。“法官造法”反而有利于遏制这种现象。如果法官在解释法律时，同时也是在为后来者立法，法官创制的规则要在今后的实践中不断受到检验，法官解释法律必然会更加谨慎。我们还可以通过一定的制度设计对“法官造法”进行必要的限制：一是主体上的限制，只有具有一定资格的法官才有权创制判例，一般的法官审理常规案件，依遵循先例原则裁判；二是程序上的限制，创制判例的案件需经审判委员会研究决定，并逐级报最高人民法院审核确认。

疑虑之二：我国法官的素质能否适应实行判例制度的需要？

“素质论”常常成为拒绝变革的理由，在司法领域也是如此。但是，这种理由本身就十分牵强。难道说，法官素质低，我们的司法就应该陷于机械司法和任意司法的泥潭中，而不加以改变？认为判例制度的实行应以高素质的法官为前提，其实是一种主观臆断的想法。在19世纪初的美国，法官素质也不如人意，罗得岛的首席法官是个农夫，而最高人民法院的成员之一竟是铁匠。① 但这并没有成为判例法发展的严重障碍，判例法反而造就了一大批杰出的法官。

事实上，我国法官的素质也并非如有些人所想象的那样

① 宋冰编：《读本：美国与德国的司法制度及司法程序》，中国政法大学出版社1999年版，第34页。

低下。改革开放三十多年来的法学教育和司法实践已经使法官的整体素质有了很大提高。当前，绝大多数法官受过系统的法律专业教育，年轻法官中更不乏高学历的优秀人才，用“人才济济”来形容法官队伍状况并不为过。对于大多数法官而言，最缺乏的并非书本上的法律知识，而是司法经验。当前的法院缺少一种司法经验的积累、传承机制，法院如同一个患了“失忆症”的病人，很多优秀案例、成功经验随着法官的人员更替而失传、湮灭，每一位初任法官办案都要从头开始摸索，十年前的司法难题到十年后依然在困扰着法官。判例制度恰好能弥补这种缺陷。判例将使法官的司法经验像珊瑚礁一样日积月累，最终形成一个庞大的规则体系，供后来者借鉴、传承、批判、超越。这显然有助于法官素质的提高。

疑虑之三：判例制度能否有效运行？

判例制度并非没有缺陷。判例的芜杂也会损害法律的确定性。卡多佐曾经深刻地指出这一点：“大小法院的判决纷至沓来，致使引用先例反而不如诉诸有启发的原则更有价值。无论法官能力如何，堆积如山的待决案件，致使其无力从根源探寻每一个案。……判例像一条条纵横交织的线，一条线在这儿，另一条线在那儿，编织成了一张华而不实的网，从中心向四周辐射，将整个普通法体系分割得支离破碎。”① 因此，有人怀疑：我们能否建立起庞大的判例库？判例制度的实行会不会给司法带来更大的混乱？这种担忧并非毫无道理。

但是，我们所处的时代与卡多佐的时代已经有很大不同。我们实行判例制度有诸多有利条件：其一，改革开放三十多年的司法实践为编制判例库提供了丰富的素材。当前各级法院每年审理的案件多达一千多万件，我们可以对这些案件进行总结、归纳、梳理，将其编制成判例。最高人民法院曾组织编写过《最高人民法院公报案例》、《人民法院案例选》、《中国审判案例要览》等多种案例汇编，一些高校研究机构也在从事案例编撰工作，为编制判例积累了经验。其二，法学教育和司法实践为编制判例库提供了充足的人才资源。目前我国各高校和司法实务部门已经培养出一大批具备深厚法律素养的法律专家，其中不少人平时就在著书立说、编写教材、案例，颇有建树。最高人民法院可以将各方面的法学专家借调至最高人民法院担任法官，集中力量编制基础判例库，为判例制度的实施打好基础。其三，计算机技术的发展为编制判例库提供了强有力的支撑。将数据库、互联网技术应用

---

① 本杰明·卡多佐著：《法律的成长·法律科学的悖论》，董炯、彭冰译，中国法制出版社 2002 年版，第 5 至 6 页。

于判例库的编制，可以克服用纸质媒体编印判例库的不足，使得判例的发布、检索、归类、修改、更新十分方便，可以编制出内容丰富、门类齐全、便于查阅的判例库。

基础判例库建成以后，法院所审理的百分之九十以上的常规案件可以循先例裁判。各级法院只需根据司法实践中的新情况新问题制作新的判例，最高人民法院做好判例的审核确认、发布、归类、整理，及时对判例库进行更新，判例制度就能协调地运行。

卡多佐指出："一个法官的工作，在一种意义上将千古流传，而在另一种意义上又如白驹过隙。那些好的将千古流传，而那些错误的则可以肯定会死去。好的得以保留并成为基础，在其之上将建成新的结构。那坏的将在岁月的实验室中被拒绝并抛弃。就这样，一点又一点，旧学说的基础动摇了。这种蚕食常常是如此地渐进，以至于它们的意义起初是模糊不清的。然而，最终我们发现这一风景线已经改变了，旧地图必须丢在一旁，必须重新制作平面图。"① 这段话展现了判例制度的价值和魅力之所在。建成这样一种制度也许会有不少困难，但它并非遥不可及，我们应当朝着这个方向努力。

---

① ［美］本杰明·卡多佐著：《司法过程的性质》，苏力译，商务印书馆 2003 年版，第 112 页。

# Chapter 8
# 让法官更有智慧

司法是一项需要智慧的技艺。法律的正确解释、目的和价值考量、法律漏洞的填补，都有赖于法官的智慧和创造，而法官智慧的形成和充分发挥又需要一定的制度作保障。若“策之不以其道，食之而不能尽其材，鸣之而不能通其意”，则即便是千里马，也只能“骈死于槽枥之间”，法官也是如此。

当前，我国法官的专业知识水平虽然有了很大提高，但有的法官缺乏独立思考的精神，唯上是从、人云亦云，仍是一个突出的问题。我们常常可以听到法官对当事人说：“这样处理虽然对你不公平，但法律就是这样规定的，我也没办法。”“这个案子是领导定的，我作为承办人是没有决定权的。”“你说的虽然有道理，但这类案件我们过去都是这么判的。”从这些话语中，我们可以感受到法官背后的体制因素对法官的制约作用。“体制”似乎已经成为法官消极作为、推卸责任的托词；法官似乎成了领导的传声筒、司法机器上的螺丝钉，毫无独立意志和智慧可言。

这种情况与法治发达国家形成鲜明对比。无论是英美等普通法系国家，还是法德等大陆法系国家，都将司法独立作为法治的基本准则，而法官独立被视为司法独立的核心内容。国家为法官履职提供良好的条件；法官地位独立，只服从法律；法官审判案件不受议会、政府和他人干涉；法官终身任职，不被任意调动或降职、降薪；干预法官独立审判的行为将受到惩处。对法官独立性的重视和维护激发了法官的职业荣誉感和责任心，促进了法官素质的提高，使得法官能够充分发挥司法智慧，成为法治的坚定捍卫者。

我国传统的司法理论只承认法院独立审判，而否认法官独立的意义，在司法制度设计上片面强调对法官的管束与监督，不尊重法官的审判主体地位，不重视对法官独立性的维护。很多我们习以为常的制度和管理措施都对法官的独立性造成损害。当下正在进行的司法改革虽然也涉及法官独立的内容，如“让审理者裁判，让裁判者负责”，但并没有明确把法官独立作为改革目标。一些推进法官独立的改革举措与损害法官独立的制度相互抵消，影响了改革的效果。深化司法改革，应当围绕法官独立开展制度设计，消除损害法官独立的体制机制障碍。

一、以法官为中心配置司法资源。让法官成为审判活动的组织者、指挥者、裁判者，为每一位法官提供独立的办公室，配备必要的辅助人员，保证法官办案所需的审判庭、交通工具、办公设施等。法官负责审理和决定案件，辅助人员承担庭前准备、协助起草诉讼文书、送达、案卷装订等辅助性工作，行政部门为法官办案提供后勤保障。把法官从繁琐的事务性工作中解放出来，使法官能专心研究审判业务，总结和积累审判经验。

二、保证法官独立行使审判权。案件的诉讼程序如何进行，包括如何安排开庭日期、是否召开庭前会议、是否通知证人及通知多少证人出庭、庭审时间的长短、何时结案等，应当由法官根据法律规定和案件情况自主决定，其他人无权干涉。案件的判决结果也应当由法官独立作出，或由合议庭通过自由投票表决作出。让法官在没有外来干涉的情况下，对疑难、复杂案件进行细审、精审，自由地对案件处理提出意见，鼓励法官独立思考和改革创新。

三、改革法官业绩考评制度。当前在多数法院实行的办案数、结案率、发回重审和改判率等考核指标应当取消，以避免法官为了完成考核指标而对草率结案、违心办案。对不同法官的工作任务分配应当基本均衡，避免以数量论英雄。对法官的业绩考评，可以采用由院长、庭长或专门的考评小组对法官的日常工作表现进行考查，并通过出具鉴定意见的方法进行。法官认为考评鉴定意见损害其独立性的，有权提出申诉。

四、划定审判管理权、审判监督权的边界。院长、庭长行使一定的审判管理权和对法官审判活动的监督权是必要的，但应以不损害法官独立为前提。在德国，院长未经法官同意修改法官制作的裁判文书中的裁判理由，也会被纪律法院认定为侵犯法官的独立性，因而受到惩戒。① 这种充分维护法官独立性的态度值得我们借鉴。院长、庭长的职权应当限于分配审判业务、落实审判保障、督促法官勤勉工作，而不是干涉具体案件的审判。对于未参加审理的案件，院长、庭长不应享有审批的权力。院长、庭长对其他法官所办案件提出的意见应当是建议性的，供法官参考，而不是指挥法官如何办案。院长、庭长对法官的选拔、福利待遇、奖惩、晋级、晋升等事项不应享有决定权，这些权力应当由不享有审判管理权的机构行使，以避免法官因为院长、庭长控制了其“饭碗”而依附于院长、庭长。

五、实行案件繁简分流。将案件根据难易程度不同，分配给不同的法官办理。资历浅的法官办理简单案件，资历深、

---

① 宋冰编：《程序、正义与现代化——外国法学家在华演讲录》，中国政法大学出版社1998年版，第15至23页。

经验丰富的法官办理疑难、复杂、新案型案件，改变目前很多法院存在的缺乏司法经验和社会经验的初任法官办理大案、难案，业务水平较高的庭长、院长不办案或很少办案的现象。这样做不仅有利于提高审判效率，也有助于维护法官的独立性。由于初任法官所办理的都是争议不大、法律标准明确的案件，法官能够在其能力范围内独立作出决定，不必事事请示领导；资深法官办理复杂案件，也能够通过严格规范的审理程序和充分的评议、自由的表决作出裁判。这样做也有利于资深法官充分发挥其经验和智慧，集中精力解决法律适用疑难问题，办出精品案件，制作出具有示范意义的判例。

六、加强法官身份保障。要落实《法官法》关于法官身份保障的规定，让法官能够安心从事审判工作。非因法定事由和非经法定程序，不得免除法官职务；不能违背法官的意愿将其调到另一个法院，也不能违背其意愿将其升职；不应强迫法官接受培训，不应将法官安排在非审判岗位，也不应抽调法官从事党政部门的“中心”工作或安排法官到党政部门挂职锻炼。特别要处理好法官责任制与法官身份保障的关系，哪些行为属于应当追责的违法审判行为，应当有明确、科学的界定，不能仅仅因为所办理的案件被发回重审或改判就对法官进行追责。

七、完善案件讨论和评议规则。采用合议制审理的案件，每一位合议庭成员都应参与开庭审理的全过程。除了法律适用规则明确，可以当庭宣判的案件外，承办法官应当制作审理报告，在评议之前的合理期限内交其他合议庭成员审查。合议庭成员审阅报告后，认为有疑问的，可以进行阅卷或与承办法官沟通。如合议庭成员有不同意见，应当另行制作书面报告。合议庭评议时，对有分歧的问题应当进行充分的沟通、辩论，阐明各自的观点和理由。审判委员会讨论案件，也应当采用同样的方法，由各委员在讨论之前审查审理报告，分歧各方分别出具书面意见，以保证各方意见得以充分地发表。

八、强化裁判文书论证说理。这是针对法律适用疑难的案件而言。对于循先例裁判的常规案件，裁判文书应当尽量简化，可以少说理甚至不说理。但是，对于无先例可循、法律适用标准尚不明确的案件，则应当旁征博引、不厌其烦地进行说理。法官应当在裁判文书中引用相关法律的规定，运用文理解释、体系解释、历史解释、目的解释、社会学解释等方法，对法律规范的含义进行阐明，消除法律规范之间的矛盾，填补立法者未能阐明的空白。还可以引用各种学说、判例、司法解释、非正式文件，对其作出肯定或批判，对各种不同的观点进行分析、评判、取舍，对裁判结论进行充分的论证。使法官的观点成为学者们研究的对象，使裁判文书成为法律教学的生动素材。

九、加强业务交流探讨。法官之间应当开展经常性地业务交流探讨，让法官有机会学习其他法官作出的判决，也允许法官之间进行批评与反批评，让不同的法学观点得以充分呈现、自由竞争，形成宽松的业务研讨氛围。此外，应当废除案件请示和不同司法部门之间的沟通协调会、联席会议等制度，避免用各种通过非法定程序出台的文件、会议纪要、领导讲话等束缚法官的思想。

上述设想对于我们来说也许很陌生，但在一些法治发达国家却是其司法制度中不可或缺的组成部分，甚至是一些常识性的东西。有人也许怀疑，这些制度究竟是“姓社”还是“姓资”，会不会偏离正确的方向。实际上，法官独立是法治基本原则的要求，是司法规律的体现，与一国的根本政治制度并无必然联系。也许还有人担心，这些制度是否适合中国国情，能否在我国落地生根。对此，一个显而易见的事实是，在许多不同的国家，这些制度确实促进了社会的公平正义和繁荣进步。不同国家的民众有着共同的情感和价值追求，我们应当可以吸收人类文明的共同成果为我所用。我相信，只要我们既放眼世界，又立足现实，日拱一卒，不遗余力地推进司法制度建设，我们也会有充满智慧的法官，也会有公正而富有权威的司法。

# 后记

作为一名法官，我写得最多的文字材料是审理报告和裁判文书。写审理报告和裁判文书与写论文不同，提出案件处理意见需要更多地考虑可接受性和可执行性，看其他合议庭成员会有什么意见，领导会不会同意，判决作出后会有什么反响。如果一名法官提出的意见总是和别人不一致，那这个法官也当不下去。

不过，法官并非不应有自己的个性，司法需要与时俱进、革故鼎新，就需要法官的独立思考，需要不同观点之间的交流探讨。现行司法制度并没有公开司法过程中的不同意见的机制，于是，在办案之外，法官难免会有一些审理报告和裁判文书所容纳不下的观点和感慨。

记得我的同事韩大可兄有一次曾经说过："等我退休了，我要写一本书，把我办过的那些有意思的案子写出来。"我想他大概与我有同样的感受，想在审理报告和裁判文书之外写点东西。不过，当时我倒没有写书的想法。只是觉得，如果能把法官在判决之外的所思所想记录、整理出来，会是研究中国司法的一份宝贵史料，是司法自我完善的一面镜子，其意义恐怕不亚于法院正式的修史修志工作。

事实上，我很早就萌发过这样的想法。2003 年，我参加工作满十年，我就想，应该写几篇“法院工作十年回顾”之类的文章，把这十年的经历、见闻、感悟、困惑记录下来，留作纪念。但只是想想而已，终究因为忙而且懒，没有动笔。

2006 年，我到省高院工作。开始几年的感觉是“乡下人进城”，需要学习与适应。熟悉了新环境以后，便渐渐地不安分起来，想对一些不相干的事情说三道四。但又常常欲言又止，成了“腹诽”，于是把一些想法写成文字，藏在电脑里。

大约三年前，我开始使用微信，看到法律同行们在公众号上的各种吐槽和口水战，觉得有点意思，于是也跟风开了个公众号，发自己的文章。发了几篇后，发现还有人看，也有些知名公众号转载，朋友圈内有不少人点赞，让我找到了点“会写文章”的感觉。

2014 年秋的一天，我在翻阅卡多佐《司法过程的性质》一书时，苏力先生在《译者前言》中的一段话打动了我：

“法学的发展至少并不为学院里的学者所专有，不是来自概念、理论的演绎或照搬；相反，法学发展的真正源泉，法律真知的真正来源，必定是法律的实践和社会现实。因此，只要面对现实，充分运用我们的思维能力，即使是一位专门从事法律实务的法官，也同样可能——如果不是更可能的话——获得真正有价值和生命力的思想。”我想，也许我应该把这些年思考的问题梳理一下，写一本小册子，对司法过程的性质作一个中国式的解读，为改善我国司法提点建议。我把我的想法告诉我的妻子后，她非常支持。于是，我用一年多的业余时间，完成了这本小册子，算是对我二十多年司法工作经历的一个回顾和总结。

本书得以成稿并出版，首先要感谢我的妻子朱雅君，她是我最忠实的“粉丝”，我每写完一个章节，都要先发给她阅读，得到她的肯定后，才继续后面的章节；没有她的帮助与鼓励，我不可能完成写作。儿子虞凌岳是我的骄傲，在我撰写本书期间，他即将面临中考，学习很紧张，但非常自觉，不需要我为他分心，并在中考中取得了优异的成绩。

感谢中国法制出版社赵宏编辑为本书的出版而付出的辛勤劳动，也感谢江苏圣典律师事务所吴世柱律师将本书推荐给赵宏编辑。感谢孙公幸院长、吴国宝庭长及多年来共事的同事们对我的关心和支持。感谢陈汉平、王震、杜旭亮、贾拥民、何永勤、杨飞雄、陆文伟、杜云福、骆兴洪、刘方权、熊杰、陈柯等好友的鼓励与帮助。

2016 年 8 月于杭州

**图书在版编目（CIP）数据**

裁判如何形成/虞伟华著．—北京：中国法制出版社，2017.3

ISBN 978-7-5093-8311-7

Ⅰ．①裁… Ⅱ．①虞… Ⅲ．①民事诉讼-审判-研究-中国 Ⅳ．①D925.118.2

中国版本图书馆CIP数据核字（2017）第048500号

责任编辑：赵 宏　　封面设计：周黎明

**裁判如何形成**

CAIPAN RUHE XINGCHENG

著者/虞伟华

经销/新华书店

印刷/三河市紫恒印装有限公司

开本/880毫米×1230毫米 32开　　印张/8 字数/114千

版次/2017年3月第1版　　2017年3月第1次印刷

中国法制出版社出版

书号 ISBN 978-7-5093-8311-7　　定价：39.00元

北京西单横二条2号　　值班电话：66026508

邮政编码 100031　　传真：66031119

**网址：http：//www.zgfzs.com**　　**编辑部电话：66010483**

**市场营销部电话：66033393**　　**邮购部电话：66033288**

（如有印装质量问题，请与本社编务印务管理部联系调换。电话：010-66032926）